城市轨道交通运营设备

主　编○张发庆
副主编○常秀娟　罗素保　徐二森

西南交通大学出版社
·成都·

图书在版编目（CIP）数据

城市轨道交通运营设备 / 张发庆主编. —成都：
西南交通大学出版社，2017.9（2020.8 重印）
ISBN 978-7-5643-5675-0

Ⅰ. ①城… Ⅱ. ①张… Ⅲ. ①城市铁路 – 交通运输工具 Ⅳ. ①U239.5

中国版本图书馆 CIP 数据核字（2017）第 203515 号

城市轨道交通运营设备

主　　编 / 张发庆　　　　责任编辑 / 杨　勇
　　　　　　　　　　　　　助理编辑 / 宋浩田
　　　　　　　　　　　　　封面设计 / 何东琳设计工作室

西南交通大学出版社出版发行
（四川省成都市金牛区二环路北一段 111 号西南交通大学创新大厦 21 楼　610031）
发行部电话：028-87600564　028-87600533
网址：http://www.xnjdcbs.com
印刷：四川森林印务有限责任公司

成品尺寸　185 mm × 260 mm
印张　7.5　　字数　175 千
版次　2017 年 9 月第 1 版　　印次　2020 年 8 月第 2 次

书号　ISBN 978-7-5643-5675-0
定价　25.00 元

课件咨询电话：028-81435775
图书如有印装质量问题　本社负责退换
版权所有　盗版必究　举报电话：028-87600562

前　言

随着全国城镇化的快速发展，城市人口的急剧增加，形成了一批大城市和特大城市。城市面积也在不断增加，城市配套产业也得到了壮大，每个城市都形成了自己的经济圈和特色区域，因此城市交通运输配套设施也必须跟进。城市交通包括普通公交、快速公交、出租汽车及城市轨道交通，目前城市区域内迅猛发展的是地铁，城际间发展的是轻轨，近几年各个城市都在建设立体交通，除了地面交通外，更注重向地下发展，因此对城市轨道交通运营与管理人才的需求也在急剧增加。目前，很多中等专业学校都开设了该专业，但在设备和师资等方面很匮乏，特别是适应中等职业学校学生的教材尤为欠缺，市面上的教材大部分都是高职或本科院校的教材，从难度上中职学校的学生是无法接受的，因此我们联合郑州地铁公司开发了相对简单，但又具有一定实用性的教材供大家使用。城市轨道交通运营设备一书内容主要包括城市轨道交通线路设备、城市轨道交通站场设备、城市轨道交通车辆设备、城市轨道交通信号设备、城市轨道交通供电设备。

本教材由郑州市教育局轨道交通供电工作室集体编写。主编张发庆，副主编常秀娟、罗素保、徐二森，主审冯永顺、张兴凯、李建民，项目一由郑州市科技工业学校张发庆、常二歌编写；项目二由郑州市科技工业学校常秀娟、张未娜，郑州创新科技中等专业学校段晓洁编写；项目三由郑州市科技工业学校罗素保、郝秀娟、闫艳、周娟编写；项目四由郑州财经学校樊一、王海芬编写；项目五由郑州电子信息中等专业学校许新杰、王莹莹编写。

在编写本教材的过程中，编者得到众多单位和同仁们的大力支持，在此一并表示衷心的感谢。由于编写时间仓促，不妥之处在所难免，还请广大读者批评指正。

编　者

2017 年 6 月

目 录

项目一 城市轨道交通线路设备 ·· 1
   1.1 认知线路，人工转换道岔 ·· 1

项目二 城市轨道交通站场设备 ·· 11
   2.1 分析不同车站技术设备对车站工作的影响 ·· 11
   2.2 绘制车站站厅、站台层平面示意图 ·· 24
   2.3 车站机电设备的运用 ··· 29
   2.4 认知城轨交通车辆检修基地 ··· 47
   2.5 识读车辆段线路、信号平面布置图 ·· 55

项目三 城市轨道交通车辆设备 ·· 64
   3.1 城市轨道交通车辆的发展和特点 ··· 64
   3.2 城市轨道交通车辆的类型、编组及标识 ··· 66
   3.3 城市轨道交通车辆的组成和主要参数 ·· 71

项目四 城市轨道交通通信信号系统 ··· 76
   4.1 城市轨道交通信号系统 ··· 76
   4.2 城市轨道交通通信系统 ··· 91

项目五 城市轨道交通供电设备 ·· 103
   5.1 城市轨道交通牵引供电系统 ··· 103

项目一　城市轨道交通线路设备

项目描述

城市轨道交通列车运行基础设备包括线路、车站、车辆、牵引供电，线路是城市轨道交通列车运行的基础。通过本项目的学习，学习者对线路设备有较全面的了解。本项目设有一个典型工作任务，分析了线路的组成、分类、限界、道岔的结构、道岔和线路平纵断面对列车运行的影响以及按作业标准人工转换道岔。

1.1　认知线路，人工转换道岔

1.1.1　教学目标

1. 能力目标

对线路的组成、限界有认知；能画出单开道岔结构示意图；能按作业标准人工转换道岔。

2. 知识目标

理解线路结构、分类、机车车辆限界、建筑限界；掌握道岔的结构及对列车运行的影响；掌握线路平纵断面对列车运行的影响；掌握人工转换道岔的作业标准。

3. 素质目标

培养城市轨道交通运输设备安全操作意识。

1.1.2　工作任务

通过本任务，认知线路基本设备，掌握按作业标准人工转换道岔的方法；能评估道岔和线路平纵断面对列车运行的影响。

1.1.3　所需设备

新建地铁车辆段，单开道岔、道岔手摇把。

1.1.4　相关配套知识

1. 线路

城市轨道交通线路简称线路，它是由路基和轨道组成的一个整体工程结构，如图 1-1 所示。线路由下部基础和上部建筑组成。下部基础包括路基和道床，上部建筑包括钢轨和轨枕。

城市轨道交通线路一般分为正线、辅助线（包括联络线、渡线、存车线、折返线等）、车场线。正线为上下行双线设计，列车运行方向按右侧（或左侧）行车，直线段轨距和铁路标准相同，为 1 435 mm。地铁车站两端端墙内方为站内，相邻两车站端墙之间为区间。

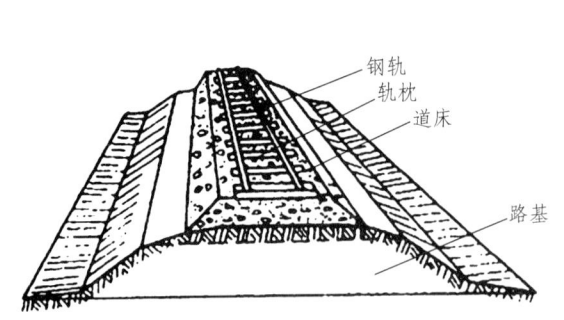 

图 1-1　线路的组成

2. 轨道的组成及各部分的作用

轨道是由钢轨、轨枕、连接零件、道床、道岔和其他附属设备等不同力学性质的材料组成的构筑物。现代的轨道通常用两根专门轧制的工字形截面的钢轨固定在轨枕上而形成。轨道是一个整体性工程结构，经常处于列车运行的动力作用下，其作用为直接承受车轮传来的巨大压力，并把它传给路基及桥隧建筑物以及对机车车辆进行导向。

（1）钢轨。

钢轨断面形状多为工字型，由轨头、轨腰和轨底三部分组成，钢轨及断面形式如图 1-2 所示。

 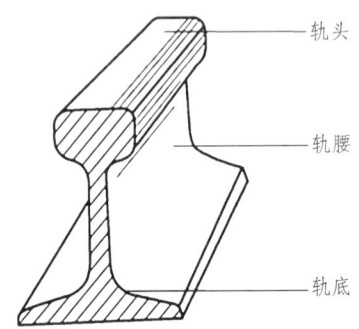

图 1-2　钢轨及断面图

钢轨的功能是支承和引导机车车辆的车轮运行，并把车轮传来的压力传给轨枕，以及为车轮滚动提供阻力最小的表面，钢轨还有为供电电路、信号电路提供回路的作用。

（2）轨枕。

轨枕是钢轨的支座，直接支承钢轨，保持轨距和方向，并通过扣件牢固与钢轨相联接，将钢轨对它的压力传递到道床上。轨枕一般横向铺设，由木材、钢筋混凝土或钢材制成，通过道床将荷载传递到路基上去。如图 1-3 所示。

图 1-3 轨枕及连接件

（3）道床。

道床是铺设在路基面上的道砟（石砟）垫层，作用是支承轨枕、把从轨枕传来的压力均匀传给路基，它还有缓冲车轮对钢轨的冲击、固定轨枕的作用。在地面线路中还能起到排除轨道中雨水的作用。

地铁隧道普遍采用整体式道床，无需补充石砟或更换轨枕，而且整体性强、稳定性好。

3. 道岔

道岔是一种能使机车车辆从一股道转入另一股道的线路连接设备，是在线路上大量得到使用的基础设备，如图 1-4 所示。道岔构造复杂、零件较多、过车频繁、技术标准要求高，是城市轨道交通线路设备的薄弱环节之一，道岔对城市轨道交通运输有较大的影响。

掌握和道岔的基本结构、类型、操作技能和故障处理及合理选用道岔等相关的知识对城市轨道交通运营管理人员来说具有重要意义。

图 1-4 道岔

（1）道岔的基本类型。

道岔有单开道岔、双开道岔、三分道岔和交分道岔等类型，如图 1-5 所示。

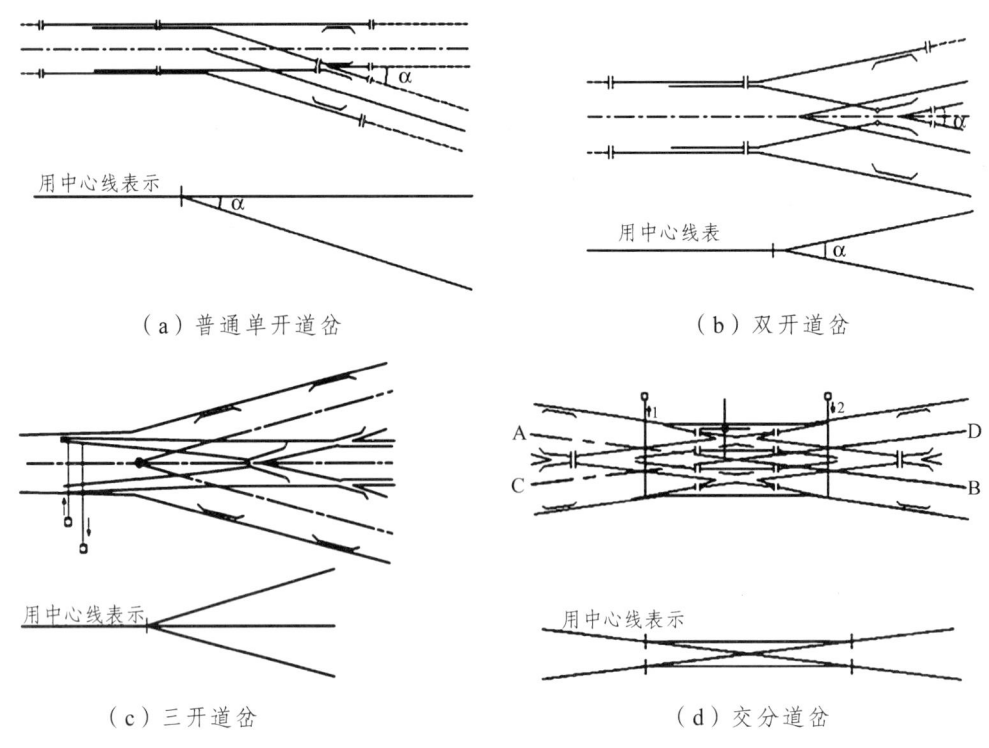

（a）普通单开道岔　　　　　　　　　（b）双开道岔

（c）三开道岔　　　　　　　　　　　（d）交分道岔

图 1-5　道岔中心线表示法

（2）道岔的组成。

单开道岔是各种道岔中的主要形式，在城市轨道交通中的应用最为普遍。单开道岔由转辙器部分、辙叉及护轨部分、连接部分组成，如图 1-6 所示。

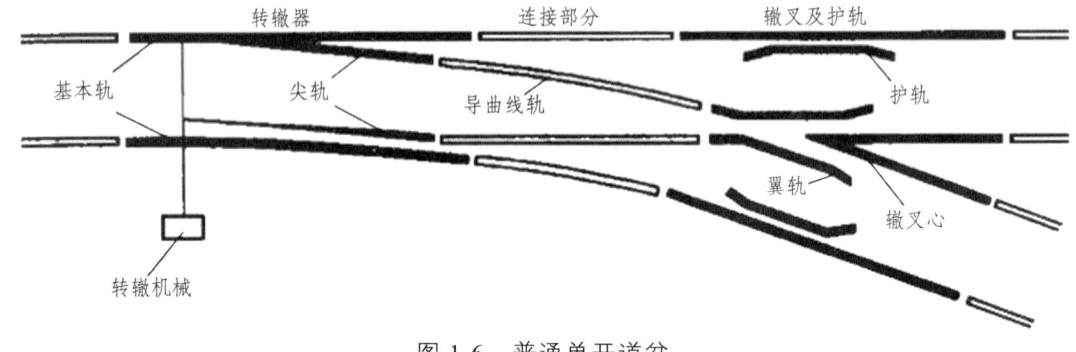

图 1-6　普通单开道岔

① 转辙器部分。

转辙器由两根尖轨、两根基本轨、连接零件（包括连接杆、滑床板、垫板、轨撑、顶铁、尖轨跟端结构等）和转辙机械组成。操作转辙机械可以改变尖轨的位置，确定道岔的开通方向，从而引导机车车辆进入不同方向的线路。

② 辙叉及护轨部分。

辙叉及护轨部分包括辙叉心、翼轨、护轨、主轨及其他联结零件。作用是保证车轮安全通过两股轨线的相互交叉处。

我国规定，以辙叉角的余切值表示辙叉号数，如图 1-7 所示。

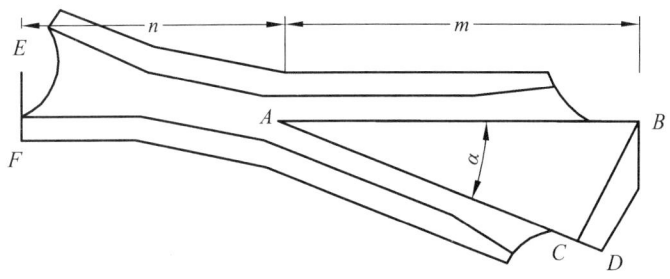

图 1-7 辙叉号数示意图

$$N = \frac{AC}{BC} = \cot \alpha \tag{1.1}$$

式中 N——辙叉号数（道岔号数）；

　　α——辙叉角；

　　BC——叉心工作边任一点 B 至另一工作边的垂直距离；

　　AC——由叉心理论尖端至垂足 C 的距离。

显然，辙叉角越大，道岔号数越小；反之辙叉角越小，道岔号数越大。

护轨必须与辙叉配合使用，护轨有两个方面的作用：一是控制车轮的运行方向，使之正常通过"有害空间"而不错入轮缘槽；二是保护辙叉尖端不被轮缘冲伤。

道岔的有害空间是指从辙叉咽喉至辙叉尖端的一段轨线中断的距离。道岔的有害空间是限制列车过岔速度的一个重要因素。为消灭有害空间，适应列车高速运行的要求，可采用活动心轨道岔，辙叉心轨和尖轨是同时扳动的，当尖轨开通某一方向时，活动心轨的辙叉心轨就与开通方向一致的翼轨密贴，与另一翼轨分开，从而消灭了有害空间。如图 1-8 所示。

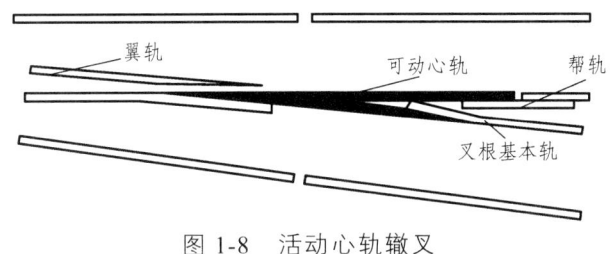

图 1-8 活动心轨辙叉

③ 连接部分。

连接转辙器与辙叉的部分称为连接部分，作用是连接转辙器、辙叉及护轨部分，使之成为一组完整道岔。

（3）人工转换道岔。

一般，列车或调车车列在城市轨道交通运行的路径被称为进路，进路上道岔的位置决定列车或调车车列的运行方向。如果进路上道岔位置不正确，则会导致列车进入异线或挤岔。因此需按要求将进路上的道岔转换至规定位置。一般城市轨道交通运用联锁设备转换道岔，当联锁设备故障时，需城市轨道交通站务人员人工下轨道手摇道岔，将进路上的道岔人工手摇至列车或调车车列进路所需的位置。

一般城市轨道交通现场手摇道岔主要包括六个步骤，简称手摇道岔"六步曲"，具体内容如下：

一看：看道岔开通位置是否正确，尖轨及辙叉心处是否有杂物，是否需要改变位置。

二开：打开盖孔板及钩锁器的锁，拆下钩锁器。

三摇：摇道岔转向所需的位置，在听到"咔嚓"的落槽声后停止。

四确认：手指尖轨，口呼"尖轨密贴开通 X 位"，并和另一人共同确认。

五加锁：另一人在确认道岔位置开通正确后，用钩锁器锁定道岔尖轨，盖上盖孔板并上锁。

六汇报：向站控室汇报道岔开通位置正确，人员出清。

（4）道岔对行车速度的影响。

道岔是轨道的薄弱环节，当列车运行速度超过道岔的允许通过速度时，重者会造成脱轨，轻者会引起列车颠覆。

道岔对行车速度的影响在于以下几个因素：

① 道岔存在有害空间。

② 尖轨和道岔结构的不平顺。

③ 连接部分存在导曲线，在导曲线上不设缓和曲线和超高，对列车侧向过岔速度限制较大。

由于以上原因，故机车车辆经过道岔时，列车运行速度会受到较大的影响。

4．线路的平面和纵断面

（1）线路的平面。

线路平面是线路在水平面上的投影，由直线和曲线组成，其中曲线包括圆曲线和缓和曲线。城市轨道交通线路的直线和圆曲线不是直接相连的，它们之间需要插入一段缓和曲线，来保证行车的平顺，如图1-9所示。

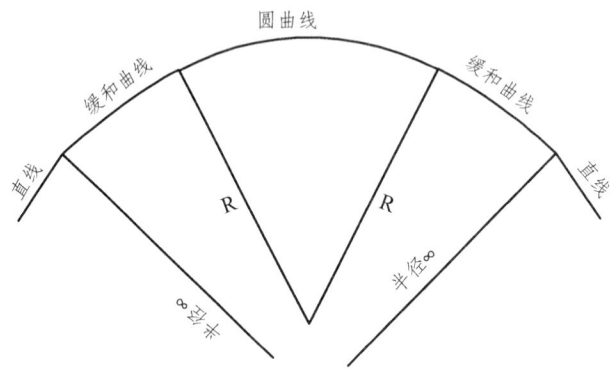

图 1-9　缓和曲线示意图

地铁或轻轨曲线半径宜从大到小选择，最大不超过 3 000 m，当曲线半径小于 400 m 时，轮轨磨损大、噪声大，应尽量少用。为了使列车按规定速度安全平稳运行，需要根据行车速度、车辆轮对有关尺寸等因素规定线路曲线的最小半径。线路曲线半径最小值是地铁主要技术标准之一，根据国家标准《地铁设计规范》规定：线路平面最小曲线半径应符合如表 1-1 所示的规定。

表 1-1　地铁或轻轨线路平面最小曲线半径

线　路		一般情况/m		困难情况/m	
正线/ （km/h）	$V \leqslant 80$	350	300	300	250
	$80 < V \leqslant 100$	550	500	450	400
联络线、出入线		250	200	150	
车场线		150	110	110	
注：除同心圆曲线外，曲线半径应以 10 m 的倍数取值					

（2）线路的纵断面。

线路的纵断面是线路中心线展直后在铅垂面上的投影，它可表明线路的坡度变化。线路纵断面由平道、坡道及设于变坡点处的竖曲线组成。

线路根据地形的变化，有上坡、下坡和平道。上、下坡是按列车运行方向来区分的，通常用"+"号表示上坡，用"-"号表示下坡，平道用"0"表示。例如，+4‰是表示线路每 1 000 m 的水平距离升高 4 m；-4‰则表示线路每 1 000 m 的水平距离降低 4 m。

地铁线路尽可能采用较平缓的坡度。一条线路最大坡度的确定，必须考虑各类车辆在最大坡道上停车时的启动与防溜，同时考虑必要的安全系数。

最大坡度也是地铁主要技术标准之一，《地下铁道设计规范》规定：正线的最大坡度宜采用 30‰，困难地段可采用 35‰，辅助线的最大坡度宜采用 40‰。

曲线半径或坡度越大，列车运行受到的阻力越大，会带来以下不利因素：

（1）限制行车速度：曲线半径越小，列车通过曲线的速度受到的限制也越大，列车的速度也就越小。

（2）增加轮轨磨耗：列车运行在曲线上时，由于内侧与外侧钢轨长度不等，使车辆的内轮与外轮在钢轨上产生相对纵向的滑行，钢轨与轮缘磨耗增加。曲线半径越小，这种磨耗越严重。

（3）增加轨道设备：列车运行在曲线上时，为防止外轮对外轨挤压而引起的轨距扩大，以及钢轨带动轨枕在道床上的横向移动，对小半径曲线地段的轨道应增加轨枕根数，加设轨距杆、轨撑。

（4）增加轨道养护维修费用：小半径曲线地段的轨距、水平、方向都极易发生变位，因此养护维修工作量较大，增加了养护维修费用。

5. 线路标志

表示建筑物及线路设备位置或状态的标志成为线路标志，通过各种线路标志可以使工作人员知道或明了线路情况，方便进行各种设备的维修、检查，使司机能够依据各种标志指示驾驶列车，达到运行安全和规范行车的目的。

城市轨道交通线路上应设置百米标、坡度标、制动标、圆曲线和缓和曲线始点及终点标、曲线标、竖曲线始点及终点标、水准基点标、限速标、警冲标、停车位置标志等。

地铁隧道内百米标、限速标、停车位置标志应设在行车方向的右侧；警冲标应设在两会合线间，其位置应根据设备限界及安全量确定，隧道外的标志可按国家现行有关规范的规定设置。其中停车标，设于各车站站台端部对开的隧道壁位置和存车线、折返线、信号机前，在接近车站 300 m、200 m 处分别设置接近车站预告标；100 m 位置设站名标，车挡表示器。

6. 限界

限界的作用是确保机车车辆在城市轨道交通线路上运行的安全，防止机车车辆撞击邻近的建筑物或其他设备。一切建筑物，在任何情况下，不得侵入建筑限界；地铁一切设备，在任何情况下，不得侵入地铁设备限界；机车、车辆无论空、重状态，均不得超出机车、车辆限界。

城市轨道交通限界包括车辆限界、设备限界、建筑限界、接触网（轨）限界。

（1）车辆限界。

车辆限界是指限制机车车辆横断面最大容许尺寸的轮廓。

（2）设备限界。

设备限界是指邻近线路的设备（与机车车辆相互作用的设备除外）不得侵入的最小横断面尺寸轮廓。

（3）隧道建筑限界。

隧道建筑限界是指邻近线路的建筑物不得侵入的最小横断面尺寸轮廓。

主要包括车站站台、屏蔽门与线路中心线之间的净距、高架车站安全门与线路中心线之间的净距、疏散平台、感应板等的规定。

（4）接触网、接触轨限界。

接触网、接触轨限界应根据受流器的偏移、倾斜和磨耗、接触轨安装误差、轨道偏差、电间隙等因素确定。

以某一地铁线路为例，某一地铁线路的限界如图1-10、1-11所示。

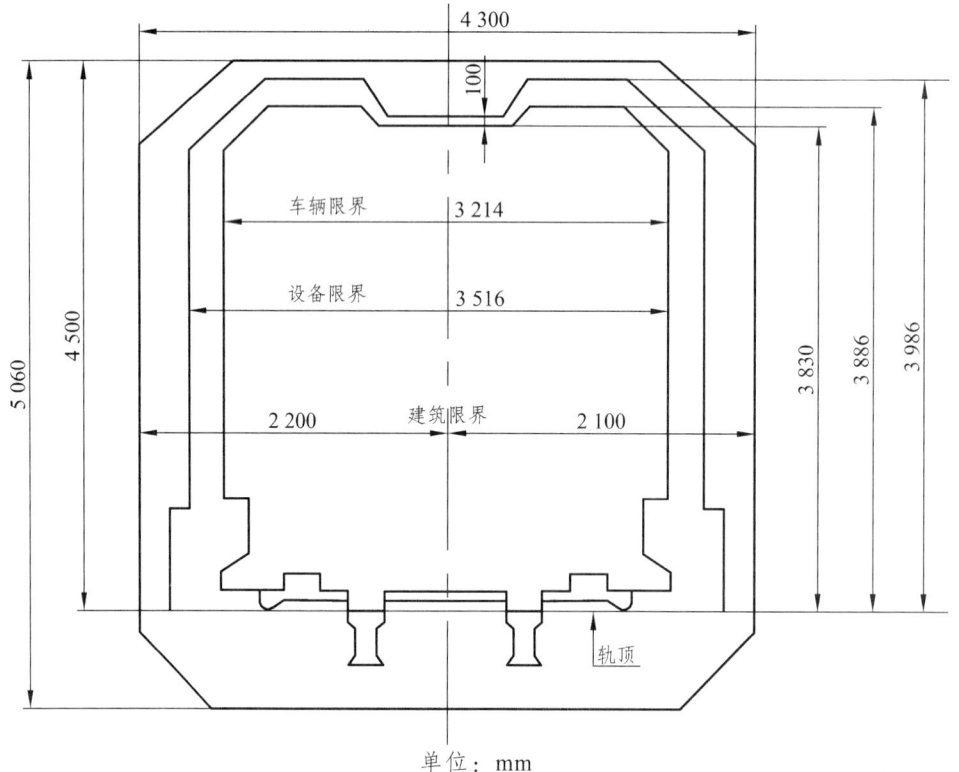

单位：mm

图1-10 某地铁线路区间直线段矩形隧道、设备及车辆限界

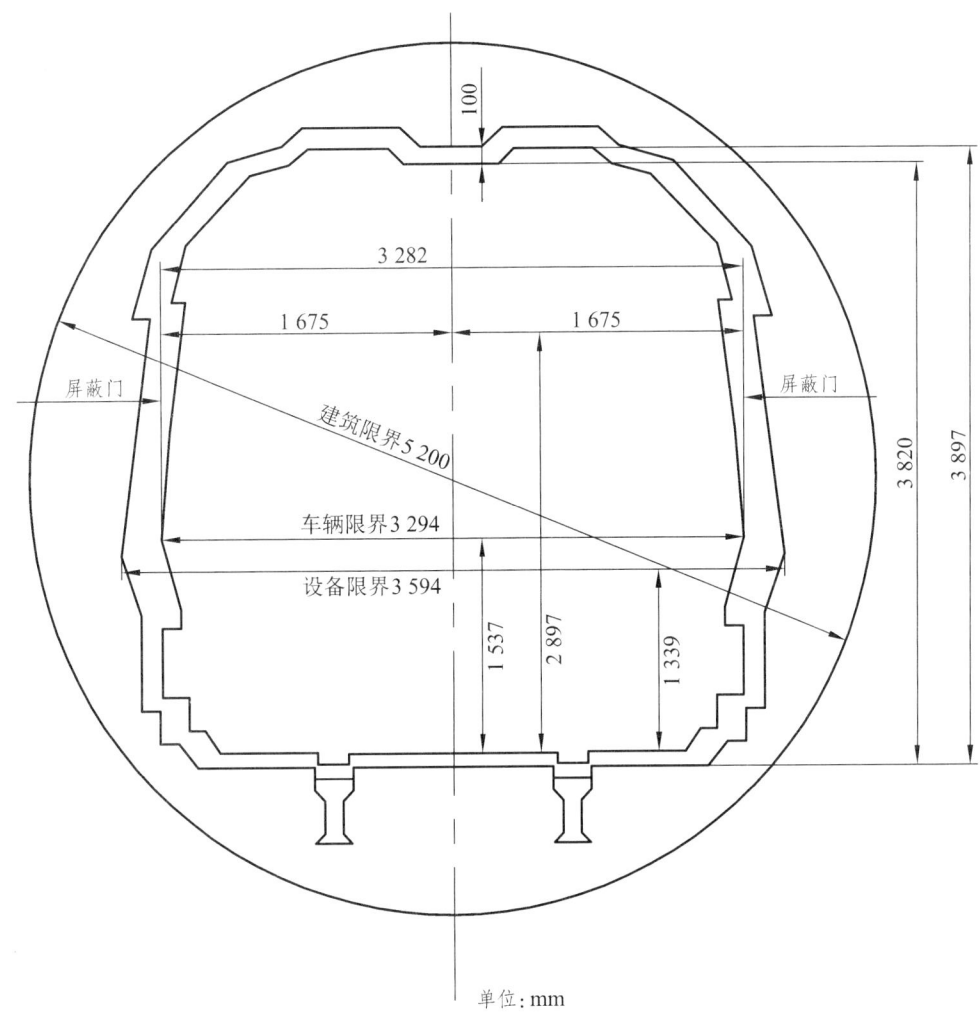

图 1-11 某地铁线路区间直线地段圆形隧道、设备及车辆限界

项目小结

线路是行车的基础,是重要的行车设备,从事运营管理的人员必须对线路设备有充分的认知,掌握线路对运营工作的影响。轨道、道岔、线路平纵断面和线路标志、限界等知识是从事轨道交通运营管理的人员必须掌握的基础知识,其中手摇道岔等职业技能是运营管理人员必须掌握的关键技能之一。

本项目重点学习如下内容:

(1) 轨道的组成及各部分的作用,重点讲述了道岔的类型、组成和人工转换道岔和道岔对行车速度的影响等知识。

(2) 线路平纵断面的定义及组成等知识。

(3) 线路标志的常见种类。

(4) 限界,学习限界的概念、分类和了解限界图。

复习思考题

1. 城市轨道交通线路由哪几部分组成？其分类是怎样的？
2. 轨道主要由哪些部件组成？轨道的作用是什么？
3. 单开道岔由哪几部分组成？各部分的作用分别是什么？画出一幅普通左开单开道岔示意图，并在图上标注各组成部分和主要部件。
4. 什么是手摇道岔"六步曲"？
5. 道岔对列车运行有何影响？
6. 线路平面的组成要素有哪些？
7. 线路纵断面的组成要素有哪些？
8. 什么是限界？城市轨道交通线路限界包括哪几种？

项目二 城市轨道交通站场设备

项目描述

车站是城市轨道交通系统的重要建筑物，又是客流集散的场所，它具有供旅客候车、乘降、换乘、人防的功能，某些车站还需要提供折返、停车检修、临时待避功能。为保证上述功能的实现，车站通常有通风、照明、卫生、防灾等设备，并努力为旅客提供安全、舒适、清洁的环境。城市轨道交通车站机电设备主要包括车站消防系统、站台安全门系统、车站电梯系统、给排水及消防设备、环控系统、车站机电设备监控系统等。城轨交通车辆运行到一定公里数或一定时间时，就要按车辆检修规程和车辆部件检修工艺的要求对车辆及其部件进行检查、维护或修理。根据修程对城轨交通车辆进行的各级检修工作必须在专门的车辆检修基地（以下简称检修基地）进行。列车退出运营后也要进入检修基地进行洗刷、清扫、定期消毒等工作。因此，检修基地是城轨交通车辆停放、检查、维修、保养的专门场所，它是保证城轨交通保持车辆良好的技术状态和城轨交通正常运营的重要基础。

通过本项目的学习，学习者应对城轨交通的车站、车辆段的功能、布局以及车站里的机电设备有一个全面的、概括的了解。本项目设五个典型工作任务：第一个工作任务，考察一条城轨线路的车站，分析不同车站技术设备对车站工作的影响；第二个工作任务，学习考察城市轨道交通车站，以具体车站为例，了解车站站厅、站台层平面示意图；第三个工作任务，考察了城市轨道车站里车站消防系统、站台安全门系统、车站电梯系统、环控系统、环境与设备监控系统等机电设备的运行管理以及故障处理；第四个工作任务，介绍了车辆检修基地的功能和检修基地的选址、布置原则，重点论述了车辆运用、检修库房及其主要设备；第五个工作任务，详细介绍了检修基地主要线路的作用，介绍分析了如何检修基地各种信号设备。

2.1 分析不同车站技术设备对车站工作的影响

2.1.1 教学目标

1. 能力目标

能画简单的车站站场平面示意图，并标注正线、站线。

2. 知识目标

掌握车站组成、分类等，明确不同线路在车站运营工作中的使用，会画车站线路布置平面示意图；掌握线路编号和道岔编号、线间距。

3. 素质目标

培养城市轨道交通车站安全、优质服务的意识。

2.1.2 工作任务

通过本任务,掌握车站组成,会画车站线路布置平面示意图,掌握线路编号和道岔编号、线间距。

2.1.3 所需设备

城市轨道交通已投入运营的一条线路的各种车站,包括起点站、终点站、换乘站。

2.1.4 相关配套知识

2.1.4.1 城市轨道交通车站设计原则

1. 站址的选择

站址的选择应满足城市轨道交通线路设计及运营的要求,并且同时考虑城市公共交通组织和城市规划的要求。地下铁道的车站在整个城市轨道交通系统中,土建投资所占的比重较大,同时又是客流汇集场所,因此要求具有良好的通风、照明和卫生设施,所以要合理设计好车站。

2. 车站规模

车站规模指车站外形尺寸大小、层数和站房面积多少,它直接决定着车站的外形尺寸及整个车站的建筑面积等,决定车站规模的主要因素是客流量。根据预测出的近期和远期客流量,来估算车站乘客的集散量和设备容量。

一般车站在高峰期 1 h 内,集中了全日乘降人数的 10%～15%,但由于车站所在地区的不同,如居民、商业区等,其乘降人数的集中程度不相同,所以在规划时要充分做好预测工作,并考虑城市轨道交通启用后客流分布所发生的变化。

3. 车站布置

车站布置的原则是要方便乘客使用,迅速进出站,并且要有良好的通风、照明、卫生、防火等设备条件,以提供旅客安全和舒适的乘降环境。

4. 建筑设计

地面、高架和地下车站所处的位置不同,其建筑设计应各具特色,因地制宜地考虑建筑风格,力求与城市景观相协调。在设计时,应力求规范化和标准化,充分采用新技术、新工艺和新材料。

2.1.4.2 车站的数量及其分布

1. 车站分布原则

(1) 应尽可能靠近大型客流集散点,为乘客提供方便的乘车条件。

(2) 在城市交通枢纽、地铁线路之间与其他轨道交会处设置车站,使之与道路网及公共交通网密切结合,为乘客创造良好的换乘条件。

(3) 应与城市建设密切结合,与旧城房屋改造和新区土地开发结合。

（4）尽量避开地质不良地段，尽可能减少对周围环境的干扰。

（5）兼顾各车站间距离的均匀性。

2. 影响车站分布的因素

（1）大型客流集散点。

（2）城市规模大小。

（3）城区人口密度。

（4）线路长度。

（5）城市地貌及建筑物布局。

（6）轨道交通路网及城市道路网状况。

（7）对站间距离的要求。

3. 车站分布对市民出行时间的影响

车站数目的多少直接影响市民乘坐地铁出行的时间。车站多，市民步行到站距离短，节省步行时间，可以增加短程乘客的吸引量；车站少，则恰恰相反，提高了交通速度，减少乘客在车内的时间，可以增加线路两端乘客的吸引量。市民出行对交通工具的选择，快捷省时的条件是排在第一位的。例如芝加哥市滨湖线的不同站间距比较，结果是大站距（1.6km）比小站距（0.8km）多吸引3%的客流量。

4. 车站分布比选

由于车站造价高，车站数量对整个轨道交通的工程造价影响较大，在进行线路规划时，一般要做2~3个车站数量与分布方案的比选，比选时要从乘客使用条件、运营条件、周围环境以及工程难度和造价等几个方面进行分析，通过全面、综合的评价，确定推荐方案。

5. 车站站位选择原则

（1）方便乘客使用。

（2）与城市道路网及公共交通网密切结合。

（3）与旧城房屋改造和新区土地开发结合。

（4）方便施工，减少拆迁，降低造价。

（5）兼顾各车站间距离的均匀性。

2.1.4.3 车站位置与路口关系

1. 跨路口站位（见图2-1）

这种站位便于各个方向的乘客进入车站，减少了路口人流与车流的交叉干扰，而且与地面公交线路有良好的衔接。在有条件时应优先进行选用。

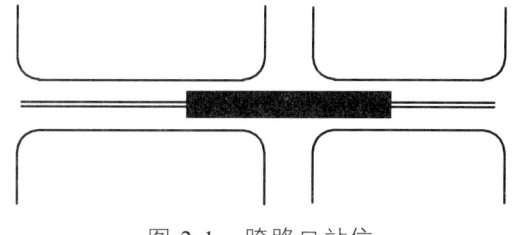

图2-1 跨路口站位

2. 偏路口站位（见图2-2）

这种站位偏路口一侧设置，施工时可减少对城市地面交通以及对地下管线的影响，高架时，更容易与城市景观相协调。不过，其缺点是路口客流较大时，容易使车站两端客流不均衡，影响车站的使用功能。一般在高架线或路口施工难度较大时采用。

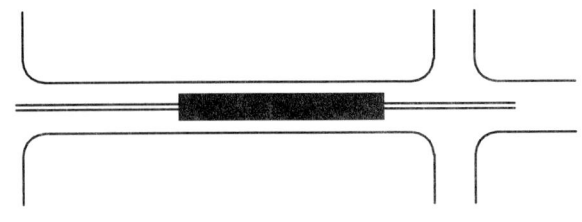

图2-2　偏路口站位

3. 位于道路红线以外站位

位于道路红线以外站位典型的为设于火车站站前广场或站房下的车站，以利于客流换乘。与城市其他建筑同步实施，和新开发建筑物相结合，结合城市交通规划，建设城市综合交通枢纽等。

2.1.4.4　车站的分类

按不同的角度划分，城市轨道交通车站可分为不同的种类。

1. 按车站空间位置分类

按车站的空间位置进行划分，城市轨道交通车站有地下站、地面站和高架站三种形式。

（1）地下站。

受地面建筑群的影响，轨道交通线路设置于地下，其车站也随之设置于地下，主要为节省地面空间。一般由地面出入口、地下站厅及地下站台组成如图2-3所示。地下车站中站厅站台不同层的车站较为常见。根据其埋深，又可分为浅埋式车站和深埋式车站两种。从造价方面考虑，埋深越大的车站，造价越高。

图2-3　地下站（出入口）

(2)地面站。

设置在地面层。由于占用地面空间,最容易造成轨道交通线路所经过的地面区域被分割,所以,一般在城乡结合部采用此类型的车站,它最大的优点是造价很低。

图 2-4　地面站

(3)高架站。

高架站是轨道交通线路架空,置于高架桥梁的桥面的车站。除了线路和站台架空在地面上以外,站厅、办公用房、生产用房等通常都设在地面上,一般位于线路和站台的下层,在结构上比较简单,造价大大低于地下站。

图 2-5　高架站

2. 按车站运营功能分类

根据主要用途的不同可分为中间站、换乘站、区域站、枢纽站、联运站和终点站等,如图 2-6 所示。

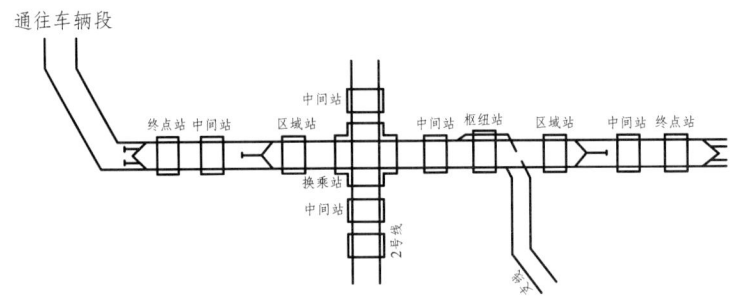

图 2-6 车站功能分类示意图

（1）中间站。

中间站功能单一，一般只供乘客乘降之用。有的中间站设有折返设备可供列车折返和进行列车运行调整，以便在相邻区段上组织密度不同的行车和恢复正常的列车运行秩序。轨道交通路网中的车站大多属于中间站。

（2）换乘站。

换乘站在城市轨道交通线网中起着重要作用，是位于两条及两条以上线路交叉点上的车站。除供乘客乘降之用外，还供乘客由一条线路的列车换乘到另一条线路的列车上去。在设计换乘站时，应尽可能将换乘客流和到发客流分开。

换乘站按照布置形式不同可分为平面换乘和竖向换乘。平面换乘方式指的是换乘车站的水平投影所分布的形式，一般有"十"字型、"T"型、"L"型换乘、平行换乘和通道换乘等。

（3）区域站。

区域站又称为折返站，是设在两种不同行车密度交界处的车站。站内有折返线和设备，区域站兼有中间站的功能。

（4）枢纽站。

枢纽站位于城市轨道交通线路分岔的地方，由此站分出另一条线路的车站。该站可接、送两条线路上的乘客。

（5）联运站。

车站内通过设置两种不同性质的列车线路来进行联运及客流换乘。联运站具有中间站及换乘站的双重功能。

（6）终点站。

线路两端的车站，除供乘客上、下车外，还能供列车折返、停留和临时检修用，终点站一般设有多股停车线。

3. 按车站规模分类

车站规模主要指车站外形尺寸大小、层数及站房面积的多少。

车站规模一般分为 3 个等级。在大城市中，车站规模按 3 个等级进行设置；在中等城市中，其规模可以设为两个等级。客流量特别大，有特殊要求的车站，其规模等级可列为特级站。车站等级是车站设置相应机构和配备定员的基本依据之一。车站规模等级及适用范围见表 2-1。

表 2-1 车站规模等级及适用范围

规模等级	客流量/人	适用范围
特等站	>5 万	客流量特别大，有特殊要求的车站
一等站	3 万～5 万	适用于客流量大，地处市中心区的大型商贸中心、大型交通枢纽中心、大型集会广场、大型工业区及位置重要的政治中心地区
二等站	1.5 万～3 万	适用于客流量较大，地处较繁华的商业区、中型交通枢纽中心、大中型文体中心、大型公园及游乐场、较大的居住区及工业区
三等站	<1.5 万	适用于客流量小，地处郊区的车站

4. 按信号系统功能划分

车站可分为联锁站和非联锁站。联锁站是指具有信号联锁设备，一般可以监控列车运行、排列列车进路以及对列车的运行进行控制的车站。联锁站通常有道岔，非联锁站通常无道岔。

此外，车站还可按车站施工方法分为明挖站、暗挖站；按车站结构横断面形式分为矩形断面车站、拱形断面车站和圆形断面车站等。

2.1.4.5 车站主要技术设备

1. 车站线路

车站线路包括正线、配线、折返线和存车线，是列车在站内到达、出发及停留，或进行折返作业的线路。考虑到轨道交通线路的行车特点，同时为了降低工程投资，车站配线非特别需要一般不设置。

在线路的终点站以及部分中间站上设置折返线及存车线（见图 2-6），折返线的布置应尽可能地保证线路最大通过能力的实现。地铁设计规范规定："线路的每个终点站和区段运行的折返站，应设置折返线或渡线，它的折返能力应与该区段的通过能力相匹配。当两折返站相距过长时，宜在沿线每隔 3 至 5 个车站的站端加设渡线或车辆停放线"。

（1）线路种类。

① 正线。

正线是指连接车站并贯穿或直股伸入车站的线路，它直接与站外区间线路连接，一般不用道岔。

② 折返线。

a. 站前折返线（见图 2-7）。

站前折返线指列车经由站前渡线折返。其优缺点为：

优点：站前折返时，列车空走少，折返时间较短，乘客能同时上下车，可缩短停站时间，减少费用。

缺点：这种方式存在一定的进路交叉，对行车安全有一定威胁，客流量大时，可能会引起站台客流秩序的混乱。

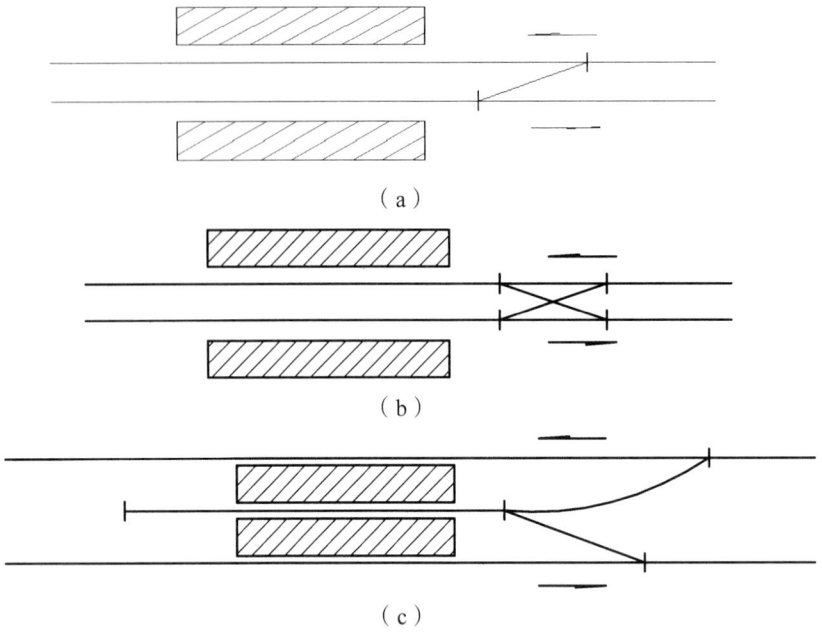

图 2-7 站前折返线

b. 站后折返线（见图 2-8）。

站后折返由站后尽端折返线折返，可避免进路交叉。此外，列车还可采用经站后环线折返的方法。

其优缺点为：优点主要有安全性能好，站后列车进出站速度较高，有利于提高旅行速度。

缺点：站后折返的不足即列车折返时间较长。

站后渡线方法则可为短交路提供方便，除渡线折返外，还有环形折返，环形线折返设备。

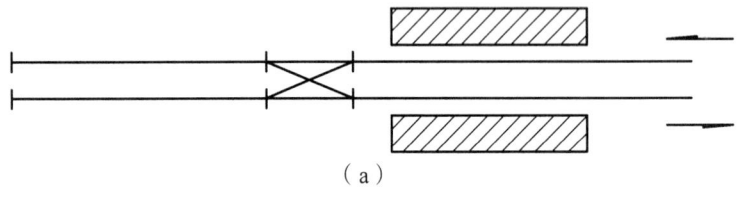

图 2-8（a） 站后渡线

可保证最大的通过能力，但占地较多，施工量大，钢轨在曲线上的磨耗也大。一般说来，站后尽端折返线折返是最常见的方式。

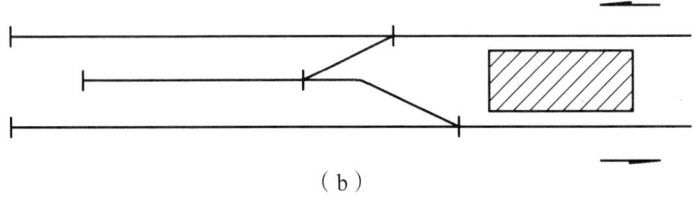

图 2-8（b） 站后折返线

c. 环形折返线

环形折返线俗称灯泡线，如图 2-9 所示。

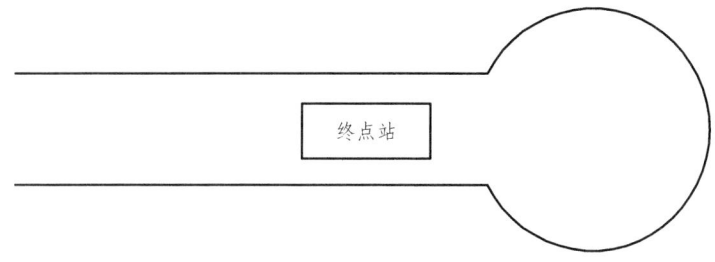

图 2-9 环形折返线

环形折返线实际上是将端点折返作业转化为沿一个环形单线区段运行的作业，实质上取消了折返过程，变为区间运行，有利于列车运行速度的发挥，消除了因折返作业而形成的线路通过能力的限制条件，是一种对提高运营效率有利的折返方法。

环线折返的缺点在于环线占地面积较大，尤其是地下修建难度更大，投资较高；环线折返丧失了一端停车维护保养检查的机动线路，对车辆技术和运行组织要求更高，线路机动性下降，线路延伸可能性甚微，一般只适用于线路较短、线路延伸的可能性较小且该端点站又在地面的情况。

③ 存车线。

存车线可与折返线以结合的方式设置，也可单独设置（见图 2-10）。

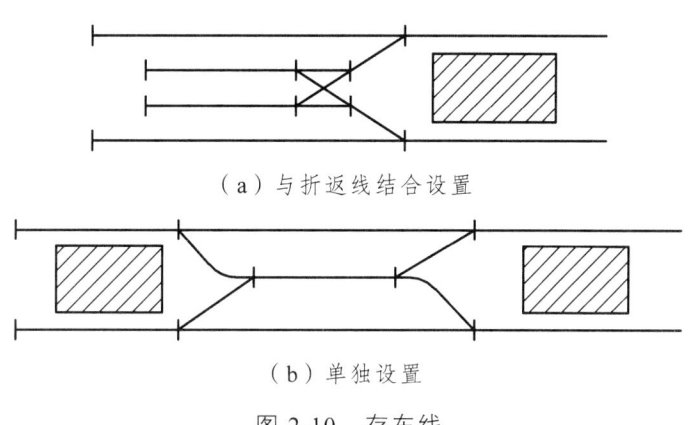

（a）与折返线结合设置

（b）单独设置

图 2-10 存车线

（2）线路道岔编号。

为便于车站或车辆段生产指挥作业的联系和对设备的维修管理，车站对车站所属线路和道岔会进行编号，同一车站（车场/车辆段）内的线路和道岔不得重复编号。

① 线路编号。

线路编号一般在正线用罗马数字表示，其他线用阿拉伯数字表示。其中，下行正线一侧用单数，上行正线一侧用双数。先给主要线路编号，后给安全线等次要线路编号。

② 道岔编号。

道岔编号一般从车站两端用阿拉伯数字由外向里依次编号，上行列车到达一端编为双数，下行列车到达一端编为单数，同一渡线或梯线上的道岔应连续进行编号。

（3）线间距。

线间距是指两相邻线路中心线之间的距离。线间距应能保证行车和车站工作人员工作时的安全，它是根据铁路限界、线路是否通过装载超限货物的列车，以及股道是否装设信号机、水鹤等设备，并考虑应留有适当的余地来确定的。

站内正线与其他站线之间的最小线间距为 5 m，复线区间正线的最小线间距规定为 4 m，曲线部分的线间距应根据曲线加宽进行适当加宽。

2. 站台

站台（见图 2-11）是供列车停靠和乘客候车、乘车及上、下车的地方。

图 2-11　地铁站台

（1）站台形式。

站台的形式分为岛式站台，侧式站台和混合式站台三种，如图 2-12 所示。

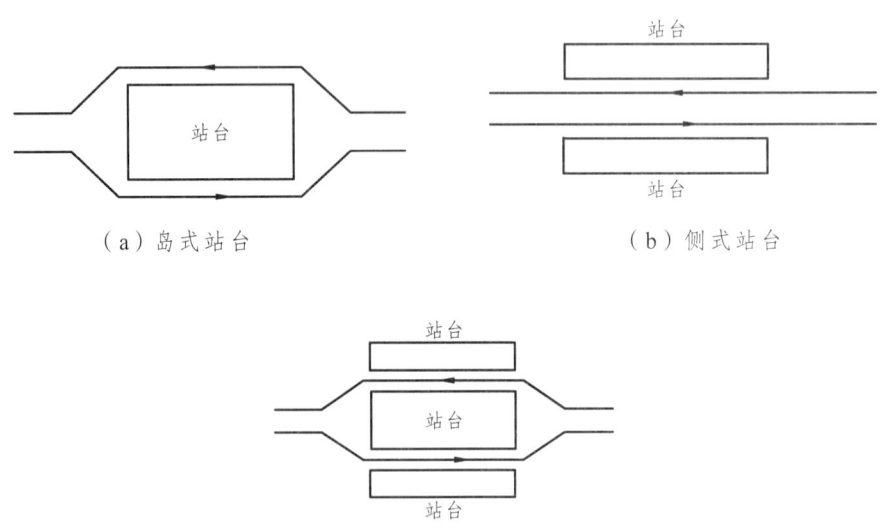

（a）岛式站台　　　　　　　　　　（b）侧式站台

（c）混合式站台

图 2-12　站台形式

车站采用的站台型式绝大多数为岛式站台与侧式站台。现将两种站台的优缺点进行比较，比较结果见表 2-2。

表 2-2 岛式站台与侧式站台优缺点比较

项目	岛式站台	侧式站台
站台使用	站台面积利用率高，可调剂客流，乘客有乘错车的可能	站台面积利用率低，不能调剂客流，乘客不易乘错车
站台设置	站厅与站台需设在两个不同高度上，站厅跨过线路轨道	站厅与站台可以设在同一高度上，站厅可以不跨过线路轨道
站内管理	管理集中，联系方便	站厅分设时，管理分散，联系不方便
乘客中途折返	乘客中途改变乘车方向比较方便	乘客中途改乘车方向不方便，需经天桥或地道
改扩建难易性	改建扩建时，延长车站很困难，技术复杂	改建扩建时，延长车站比较容易
站内空间	站厅、站台空间宽阔完整	站厅分设时，空间分散，不及岛式车站宽阔
喇叭口设置	需设喇叭口	不设喇叭口
造价	较高	较低

（2）站台长度。

站台长度是根据远期列车长度确定的，考虑到列车停车时位置的不准确性和车站值班员、司机对确认信号的需要，站台长度一般还需预留 2~6 m。站台长度应为远期列车编组长度加上允许的停车不准确距离。

对于远期列车编组在 6~8 辆的轨道交通系统，站台长度一般为 130~180 m。

（3）站台宽度。

站台有效宽度主要根据车站远期预测高峰小时客流量大小、列车运行间隔时间、结构横断面形式、站台型式、站房布置、楼梯及自动扶梯位置等因素综合考虑确定。同时，应扣除安全带及柱子、座椅等的占用宽度。确定站台宽度的主要依据是高峰小时的客流量。在高峰小时内车站汇集了全日乘客人数的 10%~15%，同时在高峰小时内的客流也不均匀。

岛式站台宽度一般为 10~15 m，侧式站台宽度一般为 4~6 m。我国《地铁设计规范》中规定了车站站台的最小宽度尺寸，如表 2-3 所示。

表 2-3 车站站台最小宽度尺寸

车站站台型式		站台最小宽度/m
岛式站台		8.0
多跨岛式车站的侧站台		2.0
无柱侧式车站的侧站台		3.5
有柱侧式车站的侧站台	柱外站台	2.0
	柱内站台	3.0

（4）站台高度。

站台高度是指线路走行轨顶面至站台地面的高度，与车型有关。站台与车厢地板面同高，称为高站台；站台比车厢地板面低一、二个台阶，称低站台。我国生产的轻轨样车，车厢地板面到轨顶面的高度为 950 mm，车辆第一踏面距轨面 650 mm，所以站台高度 900 mm 为高站台，650 mm 或 400 mm 为低站台。采用高站台时，考虑到由于车辆弹簧的挠度，在最大乘车效率时，车厢地板下沉的范围在 100 mm 以内，故高站台高度以低于车厢地板面 50～100 mm 为宜。

（5）轨道中心到站台边缘的距离。

轨道中心到站台边缘的距离由车辆的建筑限界决定，还应考虑站台的施工误差，一般施工误差为 10 mm。针对样车，当车体宽为 2.6 m，把轨道中心到站台边缘的距离定为 1.4 m。当车站设在曲线上时，应适当加宽。

2.1.4.6　站厅、通道、升降设备和跨线设施

1. 站厅

如图 2-13 所示，站厅的主要功能是集散客流兼客运服务等。具体来说就是将乘客迅速、安全、方便地引导到站台乘车，或同样将下车的乘客引导至出入口出站。对乘客来说，站厅是上下车的过渡空间。乘客在站厅内需要办理上下车的手续，因此，站厅内需要设置售票、检票、问讯等为乘客服务的各种设施。此外，站厅一般还应有售检票、车站管理及小卖部等用房。

图 2-13　站厅

站厅规模大小、建筑特征要根据城市规划与交通的要求并与地面建筑相协调，又要各具特色，达到简洁、明快、开朗、流畅、富有时代感。站厅面积根据高峰小时最大客流量及集散时间的要求计算确定。

地铁站厅通常划分为付费区及非付费区两大区域。付费区是指乘客需要经购票、检票后方可进入的区域，也是到达站台后的区域。非付费区也称免费区或者公用区，乘客可以在本区内自由通行。付费区与非付费区之间应分隔。付费区内设有通往站台层的楼梯、自动扶梯、补票处，在换乘车站，还需设置通向另一车站的换乘通道。非付费区内设有售票、问讯、公用电话等，必要时，可增设金融、邮电、服务业等机构。

2. 通道

通道把站台、站厅和出入口连接起来,通道一般有斜坡式和阶梯式两种。

地下车站的出入口位置应根据车站位置的地形、地势等具体条件,并满足城市规划和交通的要求,可设置在人行道上、街道拐角处、街道中心广场、街心花园处、建筑物内和建筑物边。

地下铁道车站的出入口及通道的数目和宽度应根据该地区的具体条件和客流量确定,并考虑紧急情况下,站台的乘客和停在列车内的乘客必须在 6 min 内全部疏散出地下站并上到地面。

出入口及通道宽度应根据高峰小时客流量计算确定,采用宽度一般不小于 2 m,最小不得小于 1.5 m。地下通道净高一般为 2.5 m 左右。

3. 升降设备

地下或高架车站还需设置楼梯和自动扶梯(见图 2-14)。站厅、通道和升降设备的通过能力应根据远期高峰客流的需要,以适当留有余地的原则进行配备。

图 2-14 地铁自动扶梯

高架站和地下站与地面的联系必然通过垂直交通疏导旅客来实现的,天桥或地道跨线设施也需要垂直交通。垂直交通的设计要求位置适宜、路线便捷、保证有合理通畅的宽度。

高架站的垂直交通布置,通常有两种方式:一种为街道两侧布置垂直交通,经天桥进入高架车站,即天桥进出方式;另一种是利用桥下空间,由楼梯通向休息平台,再通向两侧高架站台或通向岛式站台,即为桥下进出方式。

4. 跨线设施

由于城市轨道交通列车的速度快、密度高,要求整个线路封闭程度较高。考虑乘客的候车安全,侧式站台上、下行线间通过增加防护栏杆隔开,所以有上下行越线问题。岛式站台乘客进站也有越线问题,而且行人过街也同样有越线问题。

对地面站来说,除了客流量小,一般均需设跨线设施。地面站的跨线设施可以采用天桥或地道这两种方案。天桥方案较经济、施工方便、对交通干扰少,应优先采用。

地下站跨线设施,可以在地下站内解决。

高架站的跨线设施如在高架桥上再设天桥，对于乘客来说会加重负担。安全感差，又占用较多高架站台面积，增加高架站结构的复杂性，提高了造价，也影响景观。因此，通常应该尽量利用高架桥面以下的结构空间解决跨线功能，也可以在解决高架站的垂直交通时，同时解决跨线问题。但要注意避开道路的交会路口，以满足道路上空的限高要求。

2.1.4.7 作业或设备用房

车站作业或设备用房主要分为行车、客运作业用房，车站管理用房和各种设备用房三类，也可按建筑用途分为乘客使用空间、运营管理用房、技术设备用房和辅助用房（详见本项目 2.2.3 相关内容）。

2.1.4.8 售检票设备

售检票已从过去的单一人工售检票方式发展为人工售检票和计算机集中控制的自动售检票两种方式。自动售检票方式具有能缓解进出站拥挤情况；推行吸引客流的计程、计时票价；统计客流信息；加强财务管理和杜绝无票乘车等优点。自动售检票设备由自动售票机、半自动售票机、辅币兑换机、自动检票口和控制计算机等组成。

2.1.4.9 信号与通信设备

为保证行车作业安全和提高行车作业效率，在车站设置"信联闭"和通信设备。信号是对行车和其他有关作业人员发出的指示，联锁设备是保证车站范围内行车安全的设备，闭塞设备是保证区间内行车安全的设备。即使在采用先进的列车自动控制系统的情况下，仍需在有道岔车站上设置道岔防护信号机，在有折返线车站设置调车信号机，以及在有道岔的车站设置具有自动排列进路和进路逐段解锁功能的微机联锁设备等。行车值班员可在控制台上对车站"信联闭"设备进行控制或监视。车站的通信设备包括调度电话、站间闭塞电话、行车自动电话、列车无线电话和广播设备等。

2.2 绘制车站站厅、站台层平面示意图

2.2.1 教学目标

1. 能力目标

能分析站台、站厅设备布置对乘客流线及客流控制的影响。

2. 知识目标

掌握车站整体布局，常见车站站厅、站台设备布置。

3. 素质目标

培养城市轨道交通车站安全优质服务的意识。

2.2.2 工作任务

通过本任务，能掌握车站站厅、站台设备布置；分析站台、站厅设备布置对乘客流线

及客流控制的影响。

2.2.3 所需设备

城市轨道交通已投入运营的一条线路的各种车站，包括起点站、终点站、换乘站。

2.2.4 相关配套知识

2.2.4.1 地铁车站建筑的组成

地铁车站由车站主体（包括站台、站厅、生产、生活用房）、出入口及通道、通风道及地面通风亭及其他附属建筑等组成（见图2-15）。

车站主体是列车在线路上的停车点，其作用是供乘客集散、候车、换车及上、下车。它又是地铁运营设备设置的中心和办理运营业务的地方。出入口及通道是供乘客进、出车站的上部建筑设施。通风道及地面通风亭的作用是保证地下车站具有一个舒适的地下环境。对地下车站来说，这几部分是必须具备的；高架车站一般由车站、出入口及通道组成；地面车站可以仅设车站和出入口。

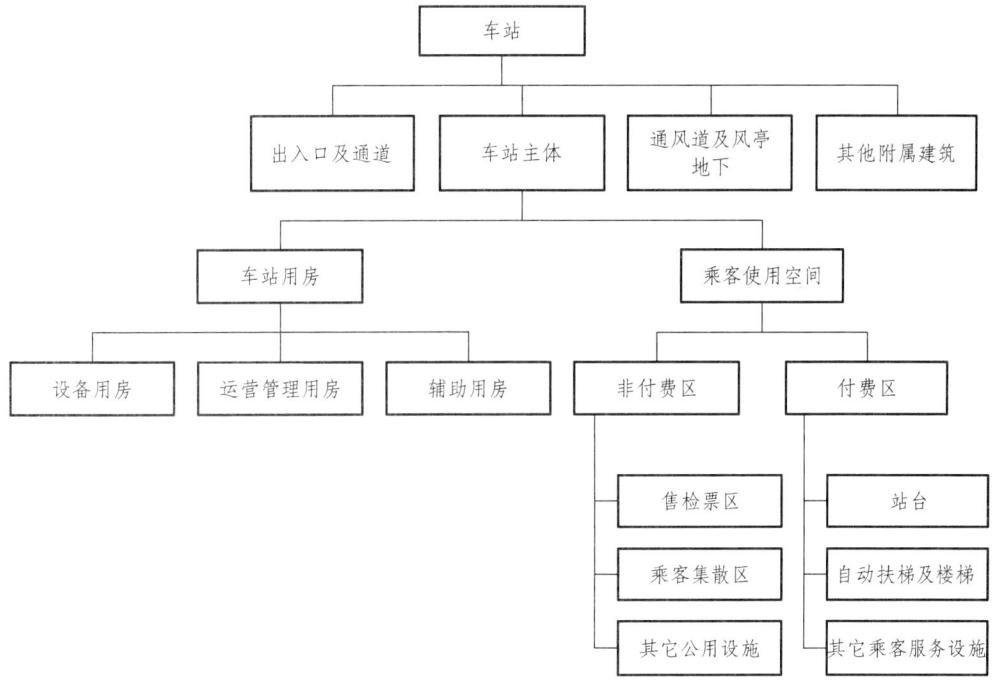

图 2-15 地铁车站建筑（设施）组成示意图

地铁车站建筑一般由下列几部分组成：

1. 乘客使用空间

乘客使用空间主要包括站厅、站台、出入口、通道、售票处、检票口、问讯、公用电话、小卖部、楼梯及自动扶梯等。它在车站建筑组成中占有很重要的位置，是车站中的主体部分，此部分的面积占车站总面积50%左右，乘客使用空间是直接为乘客服务的场所。

25

2. 运营管理用房

运营管理用房主要包括站长室、行车值班室、业务室、广播室、会议室、公安保卫、清扫员室。它是为了保证车站具有正常运营条件和营业秩序而设置的办公用房。由进行日常工作和管理的部门及人员使用，是直接或间接为列车运行和乘客服务的，运营管理用房与乘客关系密切，一般布置在临近乘客使用空间的地方。

3. 技术设备用房

技术设备用房主要包括环控房、变电所、综合控制室、防灾中心、通信机械室、信号机械室、自动售检票室、泵房、冷冻站、机房、配电以及上述设备用房所属的值班室、防灾报警系统、环控系统、AFC 室、工区用房、附属用房及设施等。技术设备用房是整个车站的"心脏"，是为了保证列车正常运行、保证车站内具有良好环境条件及在事故灾害情况下能够及时排除灾害的不可或缺的设备用房，它直接或间接为列车运行和乘客服务。

4. 辅助用房

辅助用房主要包括厕所、更衣室、休息室、茶水间、盥洗室、储藏室等。这些用房均设在站内工作人员使用的区域内。辅助用房直接供站内工作人员使用，是为了保证车站内部工作人员正常工作生活所设置的用房。

2.2.4.2 车站平面总体布置

车站原则上由站台、站房、站前小广场、垂直交通及跨线设备等组成。其中站台是最基本的部分，不论车站的类型、性质有何不同，都必须设置。其余部分一般情况都设置，但在某些特殊的情况下，在满足功能要求的前提下，其中的某些部分可能被简略掉。城市轨道交通乘客的构成比铁路、公路简单，乘客在车站停留时间短，且没有行李寄存与货物运输等问题。在一般车站中旅客运送方向也基本上是往返方向。因此，在车站乘客活动而形成的流线及车站服务设施都比较简单。在换乘站中客流流线就比较复杂一些，大型枢纽站更应认真仔细分析旅客活动流线。

车站总体布局应按照乘客进出车站的活动顺序，合理布置进出站的流线，使其不发生干扰，要求流线简捷、通畅。地下铁道车站平面总体布置应贯彻紧凑、合理、适用的原则。能置于地面的辅助用房和设备，尽量不放入地下，以利于人员的健康和节约投资。

车站平面布置原则为：

（1）站厅层布置应分区明确，依据出入口的位置和数量、楼梯与扶梯的位置和数量、售检票系统的位置和数量以及换乘要求对客流进行合理的组织，避免和减少进出站客流的交叉，合理布置管理、设备用房，应满足各系统的工艺要求。如站厅中部为公共厅，两侧为客运管理区、机电设备区。

（2）站台层布置需以车站上下行远期超高峰小时设计客流量来计算站台宽度，根据线路走向及换乘要求确定站台型式，根据车站需要布置设备或管理用房区。

（3）车站出入口应设置于道路两边红线以外或城市广场周边，需具有标志性或可识别性，以利于吸引客流、方便乘客。有条件的出入口考虑地面人行过街的功能。出入口规模应拥有远期预测客流量的通过能力，并考虑与其他交通的换乘和接驳大型公共建筑所引起的客流量。

（4）车站主要服务设施应包括自动扶梯、电梯、售票机、检票机、空调通风设施等。

2.2.4.3 车站主要建筑平面布置

1. 车站出入口和地面通风亭的位置

《地铁设计规范》规定，车站出入口的数量，应根据客流需要与疏散要求设置，浅埋车站不宜少于四个出入口。当分期修建时，初期不得少于 2 个。小站的出入口数量可酌减，但不得少于 2 个。

车站出入口一般都选在城市道路两侧、交叉路口及有大量人流经过的广场附近。出入口宜分散均匀布置，出入口之间的距离尽可能大一些，使其能够最大限度地吸引更多的乘客，方便乘客进入车站。

车站出入口宜设在火车站、公共汽车站、电车站附近，便于乘客换车。车站出入口与城市人流路线有密切的关系。应合理组织出入口的人流路线，尽量避免相互交叉和干扰。车站出入口不宜设在城市人流的主要集散处，以减少出入口被堵塞的可能。

车站出入口应设在比较明显的部位，便于乘客识别。

车站出入口和地面通风亭不应设在易燃、易爆、有污染源并挥发有害物质的建筑物附近，与上述建筑物之间的防火安全距离应符合有关规范的规定。

车站主要出入口应朝向地铁的主客流方向。大商场、大型公交车站、大中型企业、大型文体中心、大居住区等都是地铁乘客的主要来源地和主客流方向。有条件时，车站出入口可以与附近的地下商场等建筑物相连通，方便乘客购物和进入车站。车站出入口也可设在附近建筑物的首层，对乘客进、出车站十分方便。

2. 站厅的位置

站厅的位置与人流集散情况、所处环境条件、车站类型、站台型式等因素有关。站厅设计的合理与否，将直接影响到车站使用效果及站内的管理和秩序。站厅的布置有以下四种：

（1）站厅位于车站一端：这种布置方式常用于终点站，且车站一端靠近城市主要道路的地面车站。

（2）站厅位于车站两侧：这种布置方式常用于侧式车站。客流量不大者多采用。

（3）站厅位于车站两侧的上层或下层：这种布置方式常用于地下岛式车站及侧式车站站台的上层，高架车站站台的下层。客流量较大者多采用。

（4）站厅位于车站上层：这种布置方式常用于地下岛式车站和侧式车站。适用于客流量很大的车站。

3. 站台的设置

岛式站台设于两股正线中间，上下行到站列车上下乘客均在同一站台集散，两端都设楼梯或自动扶梯与站厅联接；侧式站台分上、下行两个站台，设于两股正线外侧。在一个车站同时设有岛式站台及侧式站台时，称为混合式站台或侧岛式站台，通常按一岛两侧或一岛一侧设置，这种型式的站台造价高、管理复杂，一般不宜采用。

在高架车站和地下车站中，侧式站台一般采用横列式布置，以便于施工和结构处理。

4. 车站主要设施布置

（1）楼梯。

地铁车站中楼梯是最常用的一种竖向交通形式。在客流不大的车站，当两地面高差在8 m以内时，一般采用楼梯；大于8 m时，考虑乘客因高差较大可能导致的行走费力，宜增设自动扶梯。

（2）自动扶梯。

《地铁设计规范》规定，车站出入口的提升高度超高8 m时，宜设上行自动扶梯，超过12 m时，除设上行自动扶梯外，还宜设下行自动扶梯。站厅层与站台层的高差在5 m以内时，宜设上行自动扶梯，高差超过5 m时，除设上行自动扶梯外，还宜设下行自动扶梯。站厅层供乘客至站台层使用的自动扶梯应设在付费区内。

车站出入口设置自动扶梯时，如提升高度超过12 m或客流量很大的车站，除设上下行自动扶梯外，还应设置一台备用自动扶梯，自动扶梯应为可逆转式。

（3）电梯。

有无障碍设计要求及在车站站房区内，站厅层至站台层之间宜设垂直电梯，以方便残疾人并运送站内小型机具、设备和物件。电梯应设封闭室并符合防火规范要求。

（4）售、检票设施。

售、检票设施（见图2-16）主要是指乘客使用的售、检票系统。售票口、自动售票机、检票口一般都设在站厅层，也有些车站的地面出入口面积比较大，并且与车站用房、通风亭组合成地面厅，因此，也可以将售票口、自动售票机设在地面厅内。在人工售票的车站内应设置售票室。

图2-16 地铁检票设施

自动售票机设置的位置与站内客流路线组织、出入口位置、楼梯及自动扶梯布置有密切的关系，应沿客流进站方向纵向设置。售票口、自动售票机应布设在便于购票、比较宽敞的地方，尽量减小客流路线的交叉和干扰。检票机应垂直与客流方向布置。

进站检票口、检票机应布置在通过站台下行客流方向的一侧；出站检票口、检票机应布置在站台层上行客流方向的一侧，宜靠近出入口。

2.3 车站机电设备的运用

2.3.1 教学目标

1. 能力目标

能按规定正确使用车站机电设备，包括火灾自动报警和自动灭火设备、消防设备、屏蔽门、电扶梯；能说出车站环境控制系统的组织架构及工作内容，分析车站环境控制系统的故障并报修；能对给、排水系统的简单故障进行分析并通知维修人员处理；学会车站环境与设备监控系统的日常运行管理。

2. 知识目标

掌握车站机电设备，包括火灾自动报警和自动灭火设备、消防设备、屏蔽门、电扶梯等车站机电设备的使用知识及故障处理方法；掌握车站环控系统的功能、组成及控制方式；了解环控系统的设备及制式；掌握给水、排水系统的功能；了解车站给水、排水系统的组成；掌握环境与设备监控系统功能，主要组成，车站日常运行管理要求。

3. 素质目标

具有城市轨道交通服务乘客素质，善于运用相关车站机电设备为乘客提供优质服务。

2.3.2 工作任务

通过本任务，要求能运用常用灭火器进行灭火，会操作消防栓及消防卷盘，地下车站发生火灾时能组织乘客紧急疏散；掌握屏蔽门系统故障情况下的各种操作，掌握屏蔽门应急门疏散乘客的方法；掌握自动扶梯及电梯的操作，自动扶梯及电梯异常情况的应急处理；掌握车站环控系统的功能、组成及控制方式；了解环控系统的设备及制式，能分析车站环境控制系统的故障并报修；掌握环境与设备监控系统功能，主要组成，车站日常运行管理要求。

2.3.3 所需设备

不同类型灭火器若干，消防栓一套，地铁消防设备模拟仿真系统；真实或模拟的城市轨道交通屏蔽门一套，开关屏蔽门钥匙一套；模拟的城市轨道交通自动扶梯、电梯各一套；已投入运营的城市轨道交通车站环控系统或城市轨道交通车站环控系统仿真教学系统。

2.3.4 相关配套知识

2.3.4.1 车站消防系统

1. 火灾自动报警系统

火灾的早期发现对消防救灾来说具有极其重要的意义，而地下车站和区间隧道由于空间狭小，消防救灾十分困难，火灾的早期发现和早期扑救对地下车站和区间隧道消防救灾来说显得尤为重要。因此为保障城市轨道交通运营线路的安全运营，设置火灾自动报警系统(Fire Alarm System,简称 FAS),对城市轨道交通运营线路全线进行火灾探测、报警和控制。

火灾自动报警系统功能是:FAS 有中央和车站两级监控。

中央级 FAS 具备以下功能:

(1)接收、显示并储存全线主要火灾报警设备的运行状态。

(2)接收由车站级设备传送的各探测点的火灾报警信号,显示报警部位及自动记录。

(3)自动和人工手动确认火灾报警。

(4)根据火灾发生的实际情况,自动选择预定的解决方案,向各消防控制室发出消防救灾指令和安全疏散命令。

(5)图形控制中心 PC 机通过无线发射台及时向市消防局 119 无线报警台进行火灾报警,向消防部门通报灾情。

(6)接收主时钟的信息,使 FAS 系统时钟与主时钟同步。

城市轨道交通消防指挥中心设有消防值班员,负责管理全线的火灾报警;确认火灾灾情,向车站级发出消防救灾指令,指挥救灾工作的开展。

车站级 FAS 具备以下功能:

(1)监视车站及所辖区间消防设备的运行状态。

(2)接收车站及所辖区间火灾报警或重要系统、设备的报警,并显示报警部位。

(3)向消防指挥中心报告灾情,接收消防指挥中心发出的消防救灾指令和安全疏散命令。

(4)通过车站级的消防联动控制接口向机电设备监控系统(EMCS)发出救灾模式指令,由 EMCS 系统启动消防联动设备。

(5)通过消防广播系统和闭路电视监视系统,对乘客进行安全疏散引导。

城市轨道交通车站、车辆段、集中供冷站及主变电站消防控制室没有专职消防值班员,由值班站长或值班员兼任,监视火灾报警、确认火灾灾情、报告消防指挥中心、接收消防指挥中心发出的消防救灾指令、控制有关消防联动设备和组织现场救灾。

2. 自动灭火系统

城市轨道交通的主变电站、变配电站、信号设备室及车站控制室等一些电子电气用房属于车站的重要部位,不但设备价格昂贵,而且发生火灾等意外事故时将导致城市轨道交通中断,影响整个城市轨道交通的运行安全,因此上述场所均采用自动灭火系统进行保护。自动灭火系统由存储输送灭火介质的管网子系统和探测报警的控制子系统组成,平时由自动灭火系统的控制子系统来监视防护区的状态,发生火灾时能自动报警,并按预先设定的控制方式启动灭火装置,达到扑救防护区火灾的目的。

3. 地铁火灾救援

(1)车站设备区(包括无气体保护房间)火灾应急处理程序。

巡视岗	(1)立即赶到现场协助灭火,确认火灾不可控制时,立即关停扶梯,并组织站台乘客向站外疏散。 (2)确认站台乘客疏散完毕后报车控室。 (3)听从值班站长安排

续表

行车值班员	（1）接收到火警信息后，立即通知值班站长、客运值班员到报警点确认。 （2）确认发生火灾后，通知巡视岗、保洁等驻站人员协助灭火；报环调、行调、119、地铁公安和120，根据情况向行调申请列车在本站通过。 （3）按压AFC紧急按钮，将闸机设为紧急模式。 （4）广播通知所有岗位执行设备区火灾应急疏散处理程序，并反复广播引导乘客疏散。 （5）及时将火灾情况报告行调，并与行调、值班站长保持联系，确认保洁人员到紧急出口外接消防人员。 （6）撤退时，随身携带与行调联系的无线电台。 （7）必要时，将相关设备区通道门门禁设置为常开状态，以方便抢险
值班站长	（1）接到火警通知后，立即携带相应房间钥匙等到现场确认，组织灭火。 （2）确认火灾不可控制时，关闭火灾房间的防火门，执行设备区火灾应急疏散处理程序，及时组织疏散乘客。 （3）安排人员在出入口拦截乘客进站。 （4）消防队到现场后，将有关信息通报给消防负责人后，视情况组织员工灭火或撤退，撤退时负责确认所有站内人员的疏散完毕。 （5）负责与各方的协调与沟通
客运值班员	（1）接到火警通知后，立即赶到现场协助灭火，确认火灾不可控制时，立即赶到车控室，确认相应的火灾模式开启（注意确认疏散指示开启，下同）。 （2）确认所有闸机已设为紧急模式，按照环调的指示操作有关设备，确认行车值班员报警情况。 （3）听从值班站长安排
售票员（1）	（1）接到执行火灾应急疏散处理程序的通知后，收好钱和票，关闭票亭电源，确认闸机进入紧急模式，打开边门。利用手提广播疏导乘客出站。 （2）确认已关停电扶梯。 （3）到出口拦截乘客并作好解释工作
售票员（2）	（1）接到执行火灾应急处理程序的通知后，收好钱和票，关闭票亭电源。 （2）确认闸机进入紧急模式，打开边门，利用手提广播疏散乘客出站。 （3）确认站厅乘客全部疏散出站后报车控室。 （4）听从值班站长安排
保洁、商铺等驻站人员	（1）接到通知后立即赶到现场协助灭火。 （2）确认火灾不可控制后，保洁到车控室拿"安民告示"，到出入口进行张贴，并关停出入口扶梯。等候消防队到来后，引导到现场灭火。 （3）其他驻站人员协助疏导乘客出站
司机	（1）当行调通知在火灾站的前方站扣车时，在站台开门待令，并做好乘客广播。 （2）接到车站发生火灾的通知后，行调决定在火灾站停车时，司机做好乘客广播，通知车上乘客在该站不要下车。 （3）如行调决定在火灾站通过时，司机做好乘客广播并加强瞭望确认进路。 （4）当列车停在火灾站时，立即关门动车开往下一站

备注：

① 当进行现场处理时，要注意做好个人防护。

② 当员工需撤离到站外时，需到紧急出口外进行集中，由值班站长点名确认，并给行调留下联系人及其电话。

③ 换乘站发生类似紧急情况时，车站要进行联动处理。

④ 只有一个票厅岗的车站，由值班站长安排人员负责完成售票员（1）或（2）的应急工作。

⑤ 有需要时进行门禁紧急释放按钮操作，保障相关人员可以顺利地进出车站设备区。

⑥ 车站无气体灭火系统保护的供电用房报火警时：

a. 若确认为是办公、生活用品、明敷低压电线着火，车站立即用二氧化碳或干粉灭火器进行灭火并按规定报告。确认火势不可控制时，按前程序处理。

b. 供电用房内设备着火时：

● 若确认为直流开关柜室内的整流器柜、负极柜，或者制动控制室、制动电阻室内设备着火，进入房间灭火时不得打开柜门，只需用灭火器对准设备外表喷洒。

● 若整流变压室报火警，只需打开室门确认即可，严禁打开室内的围网。确认火灾后，立即在围网外用灭火器对准设备外表喷洒。

● 上述供电用房内的其他设备以及其他供电用房内的设备着火时，可以打开柜门的设备，均可打开柜门灭火，并要注意做好个人防护（戴绝缘手套、穿绝缘靴）。

● 供电用房内凡张贴了禁止开柜门灭火标志的设备，均严禁开柜门灭火。

车站设备房（有气体保护）火灾应急处理程序与上述相似。

（2）车站站厅公共区火灾应急处理程序。

售票员（1）	（1）确认并报告车控室火灾位置、大小、火灾性质等，进行第一时间的灭火。 （2）确认火灾不可及时扑救后，立即关停扶梯并疏散乘客出站。 （3）确认站厅乘客疏散完毕后报车控室。 （4）听从值班站长安排
行车值班员	（1）接收到火警信息后，立即通知值班站长、客运值班员到报警点确认。 （2）确认发生火灾后，通知巡视岗、保洁等驻站人员协助灭火；报环调、行调、"119"、地铁公安和"120"，根据情况向行调申请列车在本站通过。 （3）按压AFC紧急按钮，将闸机设为紧急模式。 （4）广播通知所有岗位执行站厅火灾应急疏散处理程序，并反复广播引导乘客疏散。 （5）及时将火灾情况报告行调，并与行调、值班站长保持联系，安排保洁人员到紧急出口外接消防人员。 （6）必要时，将相关设备区通道门禁设置为常开状态，以方便抢险。 （7）需撤退时，随身携带与行调联系的无线电
值班站长	（1）接到火警通知后，立即到现场确认，组织灭火。 （2）确认火灾不可控制时，执行站厅火灾应急疏散处理程序，及时组织疏散乘客。 （3）安排人员在出入口拦截乘客进站。 （4）消防队到现场后，将有关信息通报给消防负责人后，视情况组织员工灭火或撤退，当撤退时负责确认所有站内人员的疏散完毕。 （5）负责与各方的协调与沟通

续表

客运值班员	（1）接到火警通知后，立即赶到车控室，确认情况和相应的火灾模式开启（注意确认疏散指示开启，下同）。 （2）赶到现场协助，当火灾不可控制时，确认所有闸机已设为紧急模式。 （3）听从值班站长安排。在站厅组织乘客疏散。 （3）接收到站台乘客疏散完的信息后，最后确认站厅乘客全部疏散出站后报车控室。 （4）听从值班站长安排
售票员 （2）	（1）接到火警通知后收好钱和票，关闭票亭电源，赶到现场协助灭火，接到执行火灾应急疏散处理程序的通知后，确认闸机进入紧急模式，打开边门。利用手提广播疏导乘客出站。 （2）确认已关停电扶梯。 （3）到出口拦截乘客并作好解释工作进站。 （4）听从值班站长安排
巡视岗	（1）接到火警通知后赶到现场协助灭火，接到执行火灾应急疏散处理程序的通知后，立即到达站台从远离火灾的一端疏散站台乘客，关停站台扶梯。 （2）当站台停有列车时，立即通知司机火灾信息，可将站台乘客疏散到列车上，通知司机立即关门动车。 （3）确认站台乘客疏散完后报车控室。 （4）听从值班站长安排
保洁、商铺等驻站人员	（1）接到通知后立即赶到现场协助灭火。 （2）确认火灾不可控制后，保洁到车控室拿"安民告示"，到出入口进行张贴，并关停出入口扶梯。等候消防队到来后，引导到现场灭火。 （3）其他驻站人员协助疏导乘客出站
司机	（1）行调通知在火灾站的后方站扣车时，在站台开门待令，并做好乘客广播工作。 （2）接到车站发生火灾的通知后，行调决定在火灾站停车时，司机做好乘客广播，通知车上乘客在该站不要下车。 （3）行调决定在火灾站通过时，司机做好乘客广播并加强瞭望确认进路。 （4）列车停在火灾站时，立即关门动车开往下一站

备注：

① 只有一个票厅岗的车站，由值班站长安排人员负责完成售票员（1）或（2）的应急工作。

② 有需要时进行门禁紧急释放按钮操作，保障相关人员可以顺利地进出车站设备区。

2.3.4.2 屏蔽门

随着城市轨道交通的快速发展，各种新型技术得到了普遍应用。站台安全门系统是20世纪80年代出现的一种先进装置，安装于地铁车站站台边缘（见图2-17），将列车与站台候车区域隔离，在列车到达和出发时可自动开启和关闭，是用以提高运营安全系数、改善乘客候车环境的一套机电一体化的机电设备系统，是一项集机械、信号、机电设备、监控等为一体的城市轨道交通高新技术。

屏蔽门主要有两种类型：第一类屏蔽门是全立面玻璃隔墙和活动门，沿车站站台边缘和站台两端头设置，把站台乘客候车区与列车进站停靠区域分隔开，属于全封闭型（见图2-18）。这种形式的屏蔽门一般应用于地下车站，主要功能是增加车站站台的安全性、节约能耗以及加强环境保护；第二类屏蔽门系统是一道栏杆式玻璃隔墙和活动门，属于半封闭型（见图2-19）。其安装位置与第一种方式基本相同。这种类型的屏蔽门系统和第一种类型屏蔽门相比相对简单，高度比第一种屏蔽门低矮，空气可以通过屏蔽门上部流通。主要起隔离作用，保障站台候车乘客的安全，从此意义上可称其为"安全门"，不过它同时还能起到一定的降低噪声作用。

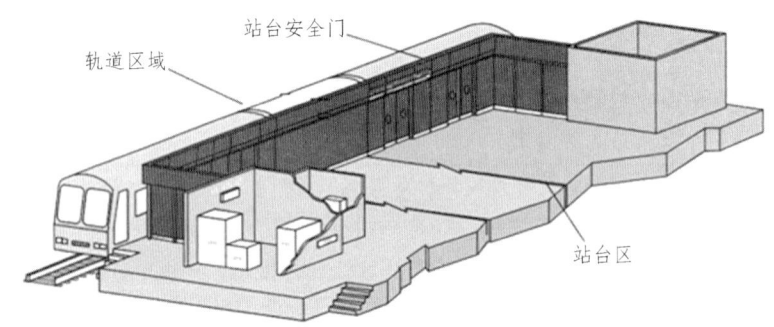

图 2-17　站台安全门

图 2-18　全高安全门　　　　　　　　图 2-19　半高安全门

1. 屏蔽门的设置

（1）屏蔽门设置在车站有效站台长度范围内，以有效站台中心线为中心，向站台两端对称布置。

（2）屏蔽门在站台边布置，其滑动门与列车车厢乘客门一一对应。屏蔽门的设置能满足各种运营模式的要求：正常运营时，为乘客提供上下车通道；故障或灾害运营时，为乘客提供安全疏散通道。

2. 屏蔽门系统构成

屏蔽门系统主要由门体、门机、电源与控制系统等四个部分组成。门体（见图2-20）由顶箱结构、门槛、顶梁、立柱和框架式玻璃门等组成；门机（见图2-21）主要由电机、减速装置、传动装置、导轨与滑动拖板、行程开关和锁紧及解锁装置等构成。控制系统主要由屏蔽门中央接口盘（PSC）、屏蔽门就地控制盘（PSL）、门控单元（DCU）以及通信介质及通信接口构成。

图 2-20　站台安全门门体结构　　　　图 2-21　站台安全门门机驱动系统

3. 屏蔽门控制系统

（1）屏蔽门控制系统主要设备。

屏蔽门控制系统主要由中央接口盘（PSC）、就地控制盘（PSL）、门控单元（DCU）等设备以及网络通信设备组成。每列屏蔽门的控制子系统由 PEDC、PSL、DCU 和其他相关设备组成。中央接口盘（PSC）设置于屏蔽门设备房，每个车站有一套 PSC。PSC 包含控制器、显示盘、继电器、I/O 接口电路和指示灯等设备。

就地控制盘（PSL）设置于每个站台的列车出站端，与列车正常停车时驾驶室的门相对应，在控制盘上设置屏蔽门/安全门钥匙开关、控制按钮、门状态指示灯及测试按钮。PSC 与 DCU 通过工业局域网和硬线方式连接进行信息交换；PSC 与信号系统之间通过硬接点方式连接；PSC 通过数据线与车站设备监控系统联网，将屏蔽门/安全门系统的故障状态上送至监控系统在车控室的工作站。

（2）屏蔽门控制系统的主要功能。

① 屏蔽门控制系统与信号系统进行信息交换，对屏蔽门的开门、关门进行控制，保证屏蔽门的开门、关门与列车车门的动作一致性。

② 控制系统监视屏蔽门的开关状态及设备的运行状态，并发出相应的信息，对故障及状态信息进行采集和报警。

③ 通过通讯口与设备监控系统相联，传送屏蔽门系统的各种状态及故障信息至车站控制室。车控室的车站计算机或模拟显示屏上均可显示屏蔽门的状态，并做档案记录。但车控室不设置对屏蔽门系统进行控制的功能。

（3）屏蔽门的控制方式。

屏蔽门/安全门的控制方式是控制系统实现系统级控制、站台级控制和手动操作三级控制方式。

① 系统级控制：系统级控制是在正常运行模式下由信号系统对屏蔽门进行开门、关门控制的控制方式。列车到站并停在允许的误差范围内时，ATC 发出"开门"命令，经过信号设备传到屏蔽门系统 PSC，由 PSC 控制门控单元 DCU 打开滑动门；列车驶出站台时，列车驾驶员操作列车关门按钮，关门命令经信号系统传输至 PSC，最后由 DCU 实现滑动门的关闭；当所有的滑动门完全关闭并锁紧时，DCU 向 PSC 反馈"闭锁"信息到信号系统，列车方可驶离车站。

② 站台级控制：站台级控制是在系统级控制不能实现时，由列车驾驶员或站务人员在 PSL 上进行的操作控制。站台级控制还可以实现 ASD/EED 与信号系统的互锁解除，强制发出闭锁信息，使列车尽快离站出发。

③ 手动操作：个别门在控制系统内因故障不能打开，工作人员在站台侧用钥匙或乘客在轨道侧通过操作开门把手打开滑动门。

4. 站台安全门故障处理

地铁公司有关故障处理的总体原则是在确保安全的前提下优先保证行车。相关处理的程序如表 2-4~表 2-8 所示。

表 2-4　单对安全门不能开启的处理办法

步骤	负责人	具 体 办 法
1	站务员	（1）发现故障或接到通知后立即赶到现场。 （2）处理： ① 立即到站台引导故障安全门处的乘客上下车，并用专用钥匙将该故障安全门 LCB 转到"手动"位。 ② 贴上"此门故障"告示
2	车站督导员	（1）将信息报行车调度员和故障报警中心。 （2）跟进安全门维修情况，将安全门的故障和修复情况报行车调度员

表 2-5　多对安全门不能开启的处理办法

步骤	负责人	具 体 办 法
1	站务员	（1）发现故障或接到通知后立即赶赴现场处理。 （2）手动打开部分门（确保没有连续不能开启的门即可）上下乘客，待驾驶员关闭车门、安全门后，查看安全门关闭情况，若如无法关闭则处理程序按多对安全门不能关闭程序处理
2	值班站长	（1）接到安全门故障的信息后，及时通知巡视岗和车站督导员到站台处理。 （2）将信息报行车调度员和故障报警中心。 （3）跟进安全门维修情况，并将安全门的故障和修复情况报行车调度员
3	车站督导员	（1）接到值班站长安全门故障的通知后，立刻到站台协助处理。 （2）手动打开部分门（确保没有连续不能开启的门即可）上下乘客

表 2-6　一对安全门不能关闭的处理办法

步骤	负责人	具体办法
1	站务员	（1）若故障信息是驾驶员关门时发现的，需到故障安全门处确认是否有物体阻碍其关闭： ① 若有则取出，告知驾驶员重新关闭安全门。 ② 若安全门仍不能正常关闭，则用专用钥匙将该安全门 LCB 转到手动位，手动关闭安全门后通知驾驶员。 （2）客流高峰期可保持该车门为常开
2	车站督导员	（1）报告行车调度员和故障报警中心。 （2）安排巡视岗在故障门处监控候车乘客，防止乘客落轨

表 2-7　多对安全门不能关闭的处理办法

步骤	负责人	具体办法
1	站务员	（1）收到故障信息后，在驾驶员关闭车门、安全门时须逐个确认不能关闭的安全门与列车间的空隙安全。 （2）按照"没有连续的不能开启的门"的原则禁止部分安全门上下乘客，加强对未关闭安全门的监控，确保安全。 （3）维护好站台秩序，防止乘客落轨
2	车站督导员	（1）接到故障信息后，到站台处理。 （2）到故障侧端操作 PSL 进行"互锁解除"
3	值班站长	（1）将故障信息报行车调度员和故障报警中心。 （2）督促、跟进安全门维修情况，并将安全门的故障和修复情况报行车调度员。 （3）安排巡视岗监控处于打开状态安全门处的乘客，防止乘客落轨

注意：列车进站或停在车站时须停止对安全门的维修

表 2-8　站台安全门玻璃破碎或破裂的处理办法

步骤	负责人	具体办法
1	站务员	（1）站务人员应使故障门处于常开状态，并指派站务人员在故障站台站岗监护，以防止乘客或物品掉入轨道。 （2）将破裂玻璃用封箱胶纸粘贴，防止突然爆裂。 （3）已破碎应马上进行清理，同时防止玻璃碎片掉入轨行区。 （4）使用铁马扎"U"型放于破碎门前做好防护
2	综控室人员	（1）综控室告知控制中心并要求列车进出站时进行相应的限速。 （2）通知故障报警中心。 （3）站务人员应保护好现场

2.3.4.3 电梯系统

1. 自动扶梯及电梯管理

自动扶梯及电梯设备是车站设备管理的重点之一，一般城市轨道交通车站自动扶梯及电梯遵循"无人值守、自动监视"的原则进行管理。

车站均不设专职工作人员，只在每天运营开始前和结束后，由值班工作人员在现场进行启动与关停。

正常条件下自动扶梯及电梯均采用就地控制方式。同时，自动扶梯及电梯的运行状况由车站设备监控系统（EMCS）进行监视并将运行状态信息传输到控制中心，但车站EMCS系统不控制自动扶梯及电梯的运行。

紧急或灾害情况下，车控室值班工作人员可通过车控室紧急停止按钮使全站自动扶梯停止运行，作为固定楼梯疏散乘客。同时，车控室值班人员可通过防灾报警控制台上的电梯消防迫降功能按钮，使站内垂直电梯即刻运行到基站（站厅层/出入口地面）后停止运行，同时不再响应轿箱指令和站层召唤。

2. 自动扶梯及电梯主要设计原则

（1）自动扶梯。

站厅层与站台层之间，根据各站客流不同分设上、下行自动扶梯；重要车站（即装修标准为一级的车站）站台至站厅均设置上、下行自动扶梯；对于非重要车站或预测远期客流量不大的车站（且高差小于5 m时），以步行楼梯代替下行自动扶梯。

车站出入口均设自动扶梯。重要车站所有出入口不受提升高度限制均设上、下行自动扶梯；非重要车站出入口总提升高度大于10 m设上下行自动扶梯，否则只设上行自动扶梯。

出入口自动扶梯桁架下部至结构底板的距离按制造商要求留设，且不小于《地下铁道设计规范》（GB 50157—92）规定的500 mm。自动扶梯工作点至前方障碍物或检票口的距离不小于8.5 m。出入口按非露天设计，防止自动扶梯被雨淋、日晒及沙尘污染，同时要便于管理，能有效防止设备被人破坏。

（2）垂直电梯。

一般地车站按无障碍设计，设置残疾人垂直电梯，地面至站厅之间设1部；站厅至站台之间，岛式站台设1部，侧式站台设2部。

站厅至站台垂直电梯设于付费区内，地面至站厅垂直电梯井道与出入口相结合，出地面部分井道及候梯厅与周围建筑规划相协调，造型美观且方便管理。

3. 自动扶梯组成

自动扶梯设备主要由桁架、梯路系统、扶手带、主机及驱动机构、电气控制及安全装置几部分组成，如图2-22所示。

4. 自动扶梯的操作及应急处理

（1）自动扶梯运行前的准备工作。

① 检查扶梯踏板、扶手带、梳齿板和裙板，裙板与梯级间的间隙。清除夹在里面的碎纸、小石子、口香糖等物品。

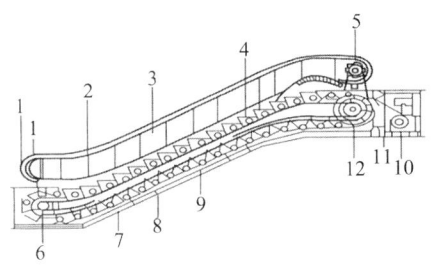

图 2-22 自动扶梯的构造

1—扶手传动滚轮；2—扶手带；3—栏板；4—铝合金梯级；5—扶手驱动瓣轮；6—从动张紧瓣轮；7—金属构架；
8—牵引份轴；9—牵引瓣条；10—动力装置；11—机房盖板；12—梯级牵引瓣轮

② 确认自动扶梯周围的安全设施（三角区的护板、防止进入的栅栏、隔板及防护网）有无破损等异状。

③ 确认紧急按钮是否处于正常状态。如果处于被按压状态，必须将其恢复到正常状态。

（2）开启扶梯的程序。

① 将钥匙插入操作盘上，报警停止开关鸣响警笛，发出信号将开始运转，放手后钥匙将回到中央位置，将其拔出。

② 确认自动扶梯的踏板和梯级上没有乘客时，将钥匙插入运行开关后，向需运行方向（上或下）旋转，自动扶梯开始运作，待稳定运行后放手，钥匙自动回到中央位置，即可将其拔出（启动时一只手旋转钥匙同时另一只手按在急停开关上，当出现异常时及时按动急停开关）。

③ 确认扶手带是否正常转动，如有异常声响或振动时，要立即按动紧急停止按钮，停住自动扶梯，同时通知维修人员。

④ 确认正常运转后，一般再试运转 5~10 min。

⑤ 如果试运转中按动紧急停止按钮，在问题处理完毕后，必须将红色罩复原。

（3）关闭扶梯的程序。

① 确认有无发生异常声响或振动，如有问题则关闭自动扶梯。

② 停止之前，不允许乘客进入自动扶梯的梯口。

③ 将钥匙插入报警停止开关，鸣响警笛。

④ 确认自动扶梯附近或扶梯梯级上无人后，再用钥匙开启停止开关。自动扶梯则停止运行。

⑤ 一天的正常运行结束后须认真检查并清扫扶梯踏板、扶手带、梳齿板、裙板以及扶梯下部专用房。

⑥ 正常停止扶梯后，应采取措施，设置停止使用牌，防止乘客将其当做楼梯使用。

（4）紧急停止按钮操作。

在出现异常状况时，必须使用紧急停止按钮时，应大声通知乘客"紧急停止，请抓住扶手"后，再进行操作。

① 现场操作。

a. 正常状态：平时红色罩呈向外膨胀凸出状。

b. 操作时：用手指按压，凸起状态变塌陷状态。

c. 操作后的状态：用手指按压红色罩的周围，使其中部恢复正常状态。

② 车站控制室操作。

a. 敲破玻片。

b. 按压按钮。

c. 复位：拔起按钮。

（5）扶梯转换运行方向的操作程序。

① 将钥匙插入报警停止开关，鸣响警笛。

② 确认扶梯梯级上无人后再用钥匙开启停止开关，自动扶梯停止运行并将钥匙拔出。

③ 待完全停止后，将钥匙插入运行开关，开启需运行方向的开关（上或下）。

2.3.4.4 环控系统

1. 地铁车站环境特点

城市轨道交通地下环境的空气素质与地面的其他场所相差较大，比较封闭、跟外界交换少，湿度大，此外地下线及地下站还有以下一些环境特点。

（1）地下轨道交通线路运营中会释放许多热量和湿量，例如列车运行时的散热量，乘客人体的散热量，照明散热量和地下建筑结构壁面散湿量等等。若不及时排除这些余热、余湿，车站和区间温度将会持续上升，环境会变得难以适应。

（2）地下车站及区间周围土壤会传导一些热量。

（3）在地下隧道中，列车在其中的运行会带动气体做高速运动，像一个"活塞"一样挤压前面隧道的空气，同时列车尾部的空间会引入很多新鲜空气（风），若不能对其进行合理利用，就会干扰车站的气流组织，影响车站站台环境，并影响车站的负荷。

（4）地下站存在着大量的由人呼出的二氧化碳，新风、回风中的粉尘和有害物质。

2. 环控系统的作用

城市轨道交通环控系统，也称为通风空调系统，是采用人工的方法，创造和维持一定要求的空气环境。它包括空气的温度、湿度、空气流速和空气品质（O_2、CO_2 等）含量等。具体指标如表 2-9 所示。

表 2-9 某市地铁环控系统舒适度部分指标

序号	指标名称	标准	备注
1	温度	站厅≤30 ℃，站台≤28 ℃	
2	相对湿度	55%～65%	
3	空调季节新风量	≥12.6 $m^3/(h·人)$	
4	过度季节新风量	≥30 $m^3/(h·人)$	

位于地面及地上的轨道交通线路，同外界的接口较多，其环境控制系统较为容易解决。而位于地下的轨道交通线路，除车站出入口等少数位置与外界连接外，其他基本与外界隔绝，只有靠人工调整气候环境才能满足乘客的要求。因此，这里说的环控系统主要针对地下轨道交通线路的环控问题。

为了给乘客和工作人员提供一个舒适的环境，保证各种设备能正常、持续地运行，并在发生火灾等紧急情况时能及时有效地排除有害气体，我们必须在车站站厅、站台、隧道、设备及管理用房中，通过强制通风的方式进行散热、除湿和空气调节。因此，环控系统的作用主要有：

（1）列车正常运行时，环控系统保证地铁内部空气环境在规定标准范围内。

（2）列车阻塞在区间隧道内时，环控系统能确保隧道内空气流通，保证阻塞列车空调器正常运行，为疏散乘客提供足够新风并引导乘客进行安全疏散。

（3）列车在区间隧道发生火灾事故时，具备防灾、排烟及通风功能。

（4）地下车站内发生火灾事故时，具备防灾、排烟及通风功能。

3. 环控系统的分类

地下站环控系统按有无屏蔽门可分为屏蔽门系统和非屏蔽门系统。非屏蔽门系统按与地面通风风道的连接方式，又分为闭式系统和开式系统。

（1）屏蔽门系统。

屏蔽门系统是在站台与区间隧道之间设置完全隔断、可以移动的屏蔽门，列车停站时屏蔽门与列车门一一对应地打开，列车上下客后，车门与屏蔽门关闭。这一物理屏障将巨大的列车产生的热量拒于车站之外，站内采用空调制冷系统，保证站内温度符合标准，而区间隧道则利用列车运行的活塞风，通过风井与室外进行通风换气，满足区间通风要求。

（2）非屏蔽门系统。

非屏蔽门系统是指在物理结构上地铁车站与区间隧道相连通的系统。非屏蔽门系统主要指闭式系统，所谓闭式系统，即夏季使用空调时，整个地下区间及车站两端隧道端口、车站出入口和空调小新风外，地下车站及区间基本与外界相隔绝的一种空调通风方式。闭式系统可根据全年气温变化，决定是否转为开式系统运行。

4. 环控系统的组成

地铁环控系统主要由以下几部分组成：区间隧道活塞通风及机械通风系统（兼排烟），车站区间排热系统（屏蔽门方式），简称为隧道通风系统；车站空调通风大系统；车站设备及管理用房空调通风系统（兼排烟）以及主变、牵引变通风与空调系统简称为车站空调通风小系统，需要说明的是地面车站、高架车站，公共区域由于散热散湿条件好，因此无空调通风系统，只具有小系统。其他还有空调制冷循环水系统；隧道洞口空气幕系统；折返线通风系统等。

5. 主要设备及控制方式

地铁环控系统的设备主要有：冷水机组，为地铁车站中央空调提供冷源；空调机组，可完成对空气的多种处理功能，包括对其空气的过滤、冷却、加热、去湿、消声、新风和回风混合等；风机，在地铁车站的两端，负责区间隧道的通风以及排走电动列车在停站时散发的热量；水泵，是冷却水循环水和冷却循环水的动力；冷却塔，是一种降温设备；阀门，可分为风阀和水阀，风阀被大量地应用到通风系统及中央空调系统中，水阀主要应用在冷却循环水和冷冻水中；风口，又叫空气分布器，用来向房间送入空气或排出空气，在通风管道上设置各种型式的送风口、回风口及排风口，并调节送入或排出的空气量。

环控系统的控制方式通常采用中央级、车站级和就地级三级控制方式。

（1）就地控制。

简单地说，就地控制就是在环控设备现场对其进行的控制。这种控制主要是通过人工操作设在环控设备现场的电控箱上的启动/关停（或复位）按钮来实现的。这种控制方式是为了方便环控设备的安装调试与维护维修。

（2）车站级控制。

环控系统的正常运行是由系统设备监控系统（EMCS）来控制，实现自动运行的。环控系统的车站级控制就是自动控制的一个平台，通过车站级控制，地铁环控系统可以按照预定的模式运行。

（3）中央级控制。

中央级控制是城市轨道交通系统设备监控系统（EMCS）的最高一级，它负责监控地铁各站的各系统设备的运行。中央级控制主要用来监控和调度地铁各站系统设备的运行。

三级控制的关系是就地控制为优先级，车站级控制为次级，中央级控制为最后级。以上三个级别规定的含意是设备处于就地级控制时，后两级控制不能控制设备的运行状态（开、关、复位）；设备处于车站级控制时，中央级控制不能控制设备的运行。

2.3.4.5　环境与设备监控系统

为了给乘客创造安全可靠和舒适的乘车环境，车站及地下区间隧道内设有各种正常运营保障设施（通风空调设备、给排水设备、照明设备、导向设备、自动扶梯等）和事故及紧急情况防、救灾设施（水消防系统、自动灭火系统、防排烟系统、事故照明系统等）。为实现对以上设施的集中监控与管理（其中自动灭火系统的控制子系统由 FAS 监视），设置设备监控系统。其整体功能体现在以下三方面：

对城市轨道交通建筑设备实现集中监控，并对其环境进行实时监测和优化控制。通过现代控制技术与网络技术，对现场机电设备运行状况实时进行集中监视、控制和报警，减少设备操作复杂性及操作难度，协调设备动作。以经济运行为目的，对车站环境进行检测，并据此控制环控设备高效运行以提高整体环境的舒适度，同时通过相关算法实现系统能源管理自动化，提高节能效率。

接受 FAS（防灾报警系统）和 ATS（列车自动控制系统）等的灾害信息，控制相关设备转向灾害模式，从而实现城市轨道交通防灾自动化。

通过对设备、环境参数的采集记录，对车站设备运行情况进行统计、协助维修管理、提供趋势运行和维修预告，为设备管理决策提供科学依据，实现设备管理自动化。

2.3.5　BAS 系统

2.3.5.1　BAS 主要功能

BAS 具有中央级集中监控、车站级集中监控和就地监控三级对各类设备进行监视和控制的功能。

1．BAS 系统功能

（1）环境检测。

BAS 通过被布置在公共区、有人值班的管理用房及对环境有要求的设备用房的温度和湿度检测设备，实现环境温度和空气湿度的检测。

（2）机电设备监控。

BAS 实现对全线通风空调、防排烟、公共区照明、导向灯箱、给排水等机电设备的实时或定时监控，监视电梯、自动扶梯的运行状态。紧急情况下，可实现对自动扶梯的紧急停止控制以及对电梯紧急情况下上升或下降到安全层的控制。

（3）水位监测及报警。

BAS 监视车站和区间各类排水泵房水位，接受水位报警，并具有对废水泵的远程控制功能。

（4）优化控制与节能。

BAS 通过对环境参数检测以及相关计算，自动将通风空调系统调控在最佳运营状态，一方面提高地铁整体环境的舒适度，另一方面实现节能控制，降低运营成本。

（5）防救灾。

接收车站 FAS 火灾控制模式指令，执行车站防灾设备的火灾控制模式；在 FAS 与 BAS 之间通信中断情况下，接收车站综合监控系统火灾模式控制指令，执行车站防灾设备的火灾控制模式；接收综合监控系统区间火灾模式控制指令，执行隧道排烟模式；接收区间列车阻塞通风模式控制指令，执行列车区间阻塞通风模式。

（6）数据管理。

系统具有对受控设备运行参数分类存储、统计报表、自动生成系统设备维修维护报表和自动打印的功能。

2. 中央级主要功能

BAS 中央级监控系统是对全线通风空调、防排烟设备、公共区照明、导向灯箱、给排水、自动扶梯等机电设备进行监视和控制。

3. 车站级主要功能

BAS 车站级监控系统是对全站通风空调、防排烟设备、公共区照明、导向灯箱、排水设备、电梯、自动扶梯等机电设备及管辖区间排水设备进行监控。

4. 就地级设备的主要功能

（1）对单台设备进行就地控制，满足设备的现场调试要求。

（2）实现对现场信号的采集、信号的转换和控制信号的输出。

（3）接收 FAS 的火灾信息，执行火灾模式控制指令。

（4）主控制器通过现场总线同具有智能通信接口的其他受控设备连接，实现数据通讯。

（5）就地级设备具有脱离全线网络系统独立运行的功能，控制器的存储容量满足监控数据的存储需要。

2.3.5.2 BAS 系统构成

1. 中央级 BAS 设备

中央级监控系统设备由设在控制中心的综合监控系统配置，如图 2-23 所示为 BAS 全线网络图。

（1）工作站及服务器。

系统中央级配置两台或两台以上的操作工作站，采用并列运行或冗余技术，使工作站处于热备状态，保证故障情况下的自动投入，同时根据系统实际需要选用服务器或小型机对整个系统实现优化控制、管理以及数据备份。

系统中央级工作站或服务器一般配备数据记录设备、打印机，数据记录设备可提供系统历史数据备份、归档信息。

（2）大屏幕投影。

设备监控系统大屏幕投影可以直观显示全线重要机电设备运行状态、重要报警、主要运行参数等，便于线路环境调度、行车调度掌握线路总体机电设备运行情况，及时发现设备问题，其主要显示内容有：

① 隧道风机及推力风机运行状态及风向。

② 列车正线阻塞信号。

③ FAS 火警信号提示。

④ 各车站环控大系统运行状态。

⑤ 各车站公共区温度超限报警。

（3）与其他系统接口。

系统中央级配置系统与 ATS 的接口设备，通过它接收列车区间阻塞信号，并完成隧道通风模式的计算。另外还配置有与通信母时钟通信的接口设备，定时与母时钟时间同步，并进一步实现系统内部各设备间的同步。如图 2-3 所示为 BAS 全线网络图。

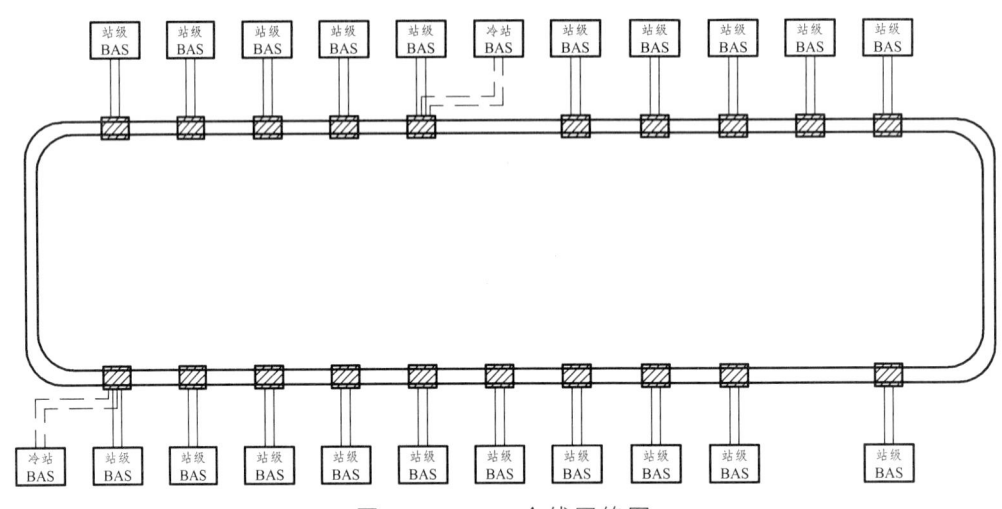

图 2-23　BAS 全线网络图

2. 车站级 BAS 设备

BAS 车站级采用分层分布式结构，由 PLC 控制设备、现场传感器及 UPS 电源等组成。监控对象包括隧道通风系统、车站防排烟设备、车站通风空调大、小系统、空调水系统设备、车站给排水、区间给排水设备、自动扶梯、电梯、车站公共区导向系统、事故电源、应急照明、广告照明等。如图 2-24 所示为 BAS 车站级控制方框图。

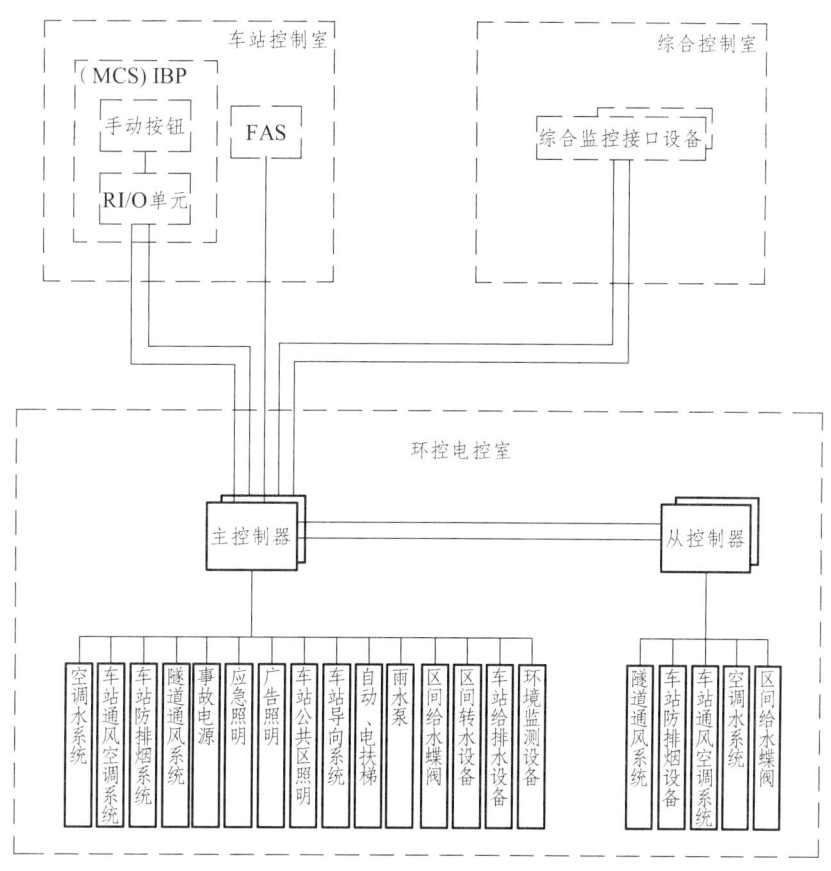

图 2-24 BAS 车站级控制方框图

(1) 工作站。

车站级车控室工作站设备由综合监控系统配置，主要面对车站工作人员，显示整个车站机电设备的运行情况，车站工作人员可以根据系统的实际情况对车站机电设备进行工况、单体设备的调节控制，工作站通常配有线式不间断电源和历史（报表）打印机。

(2) 综合紧急操作盘。

综合紧急操作盘是车站出现灾害性情况时的紧急操作平台，综合紧急操作盘以火灾及紧急工况操作为主，采用按键式操作，操作程序简便快捷。当车站或所辖区间发生火灾、列车阻塞等情况时，由线路环境调度授权车站操作人员按不同的事故区域在综合紧急操作盘上启动相对应的应急工况。综合紧急操作盘上设有投入/切除钥匙开关，利用此开关可以实现模拟屏幕控制功能的投入和切除，防止出现误操作。

(3) 维修工作站。

维修工作站是系统维修人员专用的远程维修终端，具备最高的操作的操作级别和一定的软件修改权限，可以对系统软件进行维护、组态、运行参数的定义、系统数据库的形成及用户操作界面的修改、增加；可以监视全线系统运行情况，及时反映现场故障，迅速组织系统抢修；可以为系统开发、优化提供平台，减少对在线系统运营的影响。

3. 就地级 BAS 设备

就地级监控设备包括就地控制箱、传感器、二通调节阀等。

（1）就地控制箱。

在环控机房、照明配电室、水泵房、出入口等地方靠近被控设备和环境条件相对好的房间内，设置就地控制箱。在风机房的就地控制箱内设置远程 I/O（RI/O），用来采集空调管路上的温湿度参数，监控水系统二通阀。在照明配电室的就地控制箱内设置 RI/O，用来监测重要设备房、公共区环境参数，监控车站公共区照明、广告照明、导向标志等回路状态。在水泵房的就地控制箱内设置 RI/O，用来监测水泵的状态和报警水位。

（2）传感器。

室内温、湿度传感器安装在站厅和站台墙壁或立柱、设备管理用房墙壁上。

风管式温度、温湿度传感器安装于各类风道和风室内。

水管式温度传感器安装在各类水管上。

流量传感器、压力传感器、压差传感器安装在相关的设备及管道上。

（3）二通阀执行机构。

二通阀执行机构安装在相关的水管路上，设置二通或三通流量调节阀，对流量进行调节。

（4）通信通道和网络。

BAS 控制器与相连的就地控制器或 RI/O 模块，采用屏蔽双绞线连接。传输方式采用工业级现场总线技术，数据传输速率不小于 1 Mbps，为实时的工业用现场总线。要求为国际上通用的标准开放的现场总线。两设备之间的距离超过 1 000 m 时，采用光纤连接。

2.3.5.3 运行管理

BAS 中央级工作站由控制中心环境调度使用并负责日常管理，车站级工作站管理由车站人员使用并负责日常管理。

车站人员负责本站内的车站机电设备的操作，设备监控系统车站级设备室车站人员监控站内机电设备的工具，通过设备监控系统车站级工作站对本站所辖设备的运行状态、故障情况以及设备监控系统自动运行情况进行监视，接受环境调度指令，控制车站内机电设备动作，并对设备执行情况进行确认。

（1）车站人员的使用管理主要体现在以下几方面：

① 监视本站机电设备的运行状态，通过工作站定时对设备进行巡视，出现异常，通知环境调度，同时将设备故障报告给维修调度。

② 对火灾进行报警并现场确认，执行火警处理程序，在环境调度指挥下，通过设备监控系统工作站或车站模拟屏执行相应灾害工况的应对方案。

③ 在设备监控系统故障情况下在环控电控房对设备进行操控。

④ 对设备监控系统中央级设备进行设备表面清洁等日常保养工作。

（2）操作 BAS 的基本要求有：

① 必须熟悉 BAS 的操作方法，包括工总站和综合紧急操作盘，理解环控工艺工况。

② 必须熟悉车站设备的现场操作方法，理解基本环控工艺工况。

③ 熟练掌握本站火灾处理程序，组织相应的火灾工况应对工作。

2.4 认知城轨交通车辆检修基地

2.4.1 教学目标

1. 能力目标

能理解车辆检修基地的功能和检修基地的选址、布置原则;了解检修基地的布局;能叙述一般检修项目及其对应的设备。

2. 知识目标

理解车辆检修基地的功能和检修基地的选址、布置原则;掌握车辆一般检修项目及其对应的设备。

3. 素质目标

培养城市轨道交通安全生产意识,作业过程与设备操作必须严格遵章守纪。

2.4.2 工作任务

通过本任务,了解检修基地的布局;能叙述一般检修项目及其对应的设备;掌握车辆一般检修项目及其对应的设备。

2.4.3 所需设备

已投入运营的一座城市轨道交通车辆段,不落轮镟床模型一套,列车自动清洗机模型一套,地面式驾车机模型一套,地下式架车机模型一套。

2.4.4 相关配套知识

1. 城轨交通车辆检修基地的功能

检修基地以车辆运用、检修为主,但考虑到城轨交通系统管理需要,方便组织城轨交通各专业的维修工作,可以将工务、通信、信号、机电设备等专业的维修与车辆检修基地一并考虑,这样有利于协调各专业接口,对各专业维修工作进行有效的协调管理,可以合理规划、统一使用场地和设备,节约土地和投资。同时也有利于实现计算机网络和现代化管理。车辆检修基地根据功能和规模的大小可划分为停车场、车辆段。

(1)停车场。

停车场是车辆停放的场所,承担的任务有:车辆的停放、洗刷、清扫以及车辆列检和乘务工作,停车场所在正线运营列车的故障处理和救援工作,车辆定修(年检)以下车辆的各级日常检查维修的修程。遇到车辆的重大临修则采用部件互换的修理方式。每条城轨交通线路按其线路长度和配属车辆的多少,设置停车场或根据需要再增加设置辅助停车场,辅助停车场仅设置停车、列检设施,只承担车辆的停放、清洁、列检工作。

停车场配备车辆运用、整备和日常检查维修及配套设施,主要有停车列检库、不落轮镟床库、调机库、临修库和车辆自动洗刷库及出入段线、洗车线、试车线、各种车库线、以及牵出线、存车线、走行线等各种辅助线路；主要设备有：调机车（内燃机）、不落轮镟床、自动洗车机和车辆救援设备，以及为车辆重大临修服务的架车机、起重机等。

（2）车辆段。

车辆段除具有停车场的功能，还是对城轨交通车辆进行较大修程的场所。车辆段主要拥有以下功能：

① 承担所属线路的车辆停放、清洁、列检工作。

② 承担所在线路车辆的定修（年检）及以下车辆检查维修和临修工作。

③ 承担所属线路和由多条联络线互相沟通的线路的车辆架、大修工作。

④ 承担车辆部件的检测、修理工作，满足车辆各修程对互换部件的需求。其维修能力的设置也可使其成为城轨交通网络的车辆部件维修点，为其他车辆段服务。

车辆段要在停车场的基础上增加车辆架、大修的设施设备，车辆主要采用部件互换修的检修方式。同时，根据工艺要求，要具备车辆零部件的检修能力。

车辆段配备的车辆检修设施主要有：架修库、大修库、静调库和部件检修间，以及油漆间、机加工间、溶焊间和必要的辅助间等。车辆架、大修主要设备有：架车机、移车台或车体吊装设备、公铁两用牵引车、转向架、车钩、电机等各种部件的试验和修理设备、车辆油漆设备、列车静态调试和动态调试设备。承担列车转向任务的车辆段还设置了列车的回转线。

车辆段内无物资总库时还要设置材料库，并配备必要的运输和起重设备。

车辆段主要划分为检修区和运营区，所有的检修工作均集中在检修区进行，运营区主要负责段属车辆的停放、列检和乘务工作。

车辆段一般还兼有综合检修基地的功能，是保障线路各系统正常运行的保障基地和管理部门。在停车场一般设置有各系统的维修工区，属综合检修基地管辖。

2. 检修基地的选址、布置原则和建设规模

（1）选址原则。

检修基地位置的选定要从技术需要、经济合理和环境可能等诸多因素综合考虑。选址的主要原则是：

① 要有一定的场地面积，相邻单位和居民要少，尽量减少拆迁费用，同时在保证基地用地布置需要的同时，尽可能减少对周围环境的影响。

② 能布置通畅的道路与外界道路相通，便于各种运输车辆的进出；并且临近铁路，与铁路有较好的联系，便于地铁列车、调车机车、工程列车、货物列车与铁路之间的接泊和转运。

③ 设置于城市轨道交通网络的较佳点，便于列车的出车和收车，减少列车空走距离，做到方便、可靠、迅速、经济，达到节能、高效的目的。

④ 根据城市轨道交通网络规划，留有远期发展的余地。

⑤ 避开工程地质、水文地质不良（如滑坡、活断层、流沙、高地下水位、永冻土层等）地段，降低建设造价和保证工程的质量。

⑥ 场地标高具有良好的自然排水条件。尽量避开受洪水影响的地形，当无法避开时应

有切实可行的防洪措施。

⑦ 有利于电力、通信等线路和供、排水等管路的引入。

⑧ 维修基地的纵轴尽可能与本地区的主导风向一致或成较小角度。

⑨ 对于用地困难的城市，可以因地制宜。采用半地下、双层、三层等结构，上部可作为办公或进行综合开发使用，以减少占地面积。

（2）布置原则。

检修基地的总体布置应首先满足停车功能和检修功能，还要根据占地的形状和地形，因地制宜，综合考虑。

一般来讲，细长的占地形状便于布置，有利于节约用地，可以将检修区和停车区分别集中布置，便于管理，减少干扰。

车辆段（大修段）承担停车和包括架大修等较高级修程的各级修程检修任务，一般停车库和检修库串联（纵列式）布置（见图2-25）。停车场承担列车停车和日检、双周检、双月检、定修（年检）等较低级修程的检修任务，一般停车库和检修库并列（横列式）布置（见图2-26），这样既便于工作时互相联系，又减少占地面积。

图 2-25　检修库和运用库的纵列式布置

图 2-26　检修库和运用库的横列式布置

对车辆各级修程的检修工作都集中在检修区。这样便于检修的集中管理，对车辆检修的大型设备辅助车间、设备和备品、备件库及工具间也可以协调统一使用，提高它们的使用率和工作效率。

停车库尽可能布置成贯通式，列车由停车库两端进出，可以大大提高车场道岔咽喉区的列车通过能力，这种布置方式一般还设置连通两端的联络线，对列车的灵活调度、运用，缩短出、入库时间具有明显的优点。

检修基地的总体布置还要遵循以下基本的原则：

① 根据车辆运行组织、车辆检修规程使作业流程顺畅、安全、便利，减少各工序流程间的冗余时间及车辆空走和运输距离。

② 基地内道路尽量避免与生产运输的道路交叉。需要交叉时，交叉角应在 45°～90°，交叉道口不应有明显影响车辆司机瞭望视线的障碍物，必要时可以设置人工监护或自动道口栏杆及报警装置，以保证列车与人身安全；道口应采用混凝土硬化地面，平整顺畅。

③ 基地的布置根据设施的不同功能分区布局，一般分为车辆运用区、车辆检修区、行政管理和后勤服务区，各功能区域宜尽可能集中的设置，这样便于设备的统一使用，减少生产运输路程，可以集中考虑水、电、通信等各种线路、管道设施的布置，对废水、废液、废气和噪声等进行统一处理，有利于建立消防、安全保卫系统，并且方便职工的就餐、就医、上下班交通等生活需要。

④ 在满足功能的前提下，尽量减少用地面积，提高土地使用率，并要为长远发展留有余地。

⑤ 建筑物的纵轴尽可能与主导风向一致或成较小夹角，主要建筑物尽量不要处于南方西晒、北方寒风袭击的不利朝向。

⑥ 基地的布置与建设还要和城市的生态环境、文化环境、建筑特色相协调。

（3）建设规模。

检修基地的规模主要取决于配属的地铁列车数和列车的检修模式，同时考虑其他专业设备的检修规模。

配属列车包括运用列车、检修列车和备用列车。

① 运用列车数：运用列车数量决定于运行线路的长度、列车的旅行速度、行车间隔和折返时间。

② 备用列车数：备用列车数是作为车辆临时发生故障时投入使用的储备列车数量。

③ 检修列车数：检修列车数取决于运用车辆数、检修周期及检修的停库时间。

3. 车辆运用、检修库房和车间及其主要设备

（1）停车列检库及其附属车间。

停车库兼有停车、整备、清扫、日常检查、司机出乘等多种功能，为实现这些功能，停车库除设有停车线外，还设有运用车间、运转值班室、司机待班室等司机出乘用房，还设有列车以及列车车载信号检修用房。由于列车本身价格昂贵，在地铁运行中占据着重要地位，因此在停车库都设置有自动防灾报警设备，和整个消防系统联系在一起。架空触网或接触轨应进库，接触轨应加防护装置，每条库线两端和库外线之间及停车台位之间设置有隔离开关，可以对每条停车线的接触网（接触轨）独立停、送电，每条停车线还应有接触网（接触轨）送电的信号显示和列车出、入库的音响报警装置。停车线兼作车辆列检线时，应有检查地沟。

地铁车辆除了由自动洗刷机洗刷外，对自动洗刷不到的部件进行人工辅助洗刷，还要每日对列车室进行清扫、洗刷和定期消毒。这些工作在清扫库进行，清扫库一般毗邻停车

库，库内应设置上、下水及洗刷平台。

在停车库两端应有一段平直硬化地面，作为消防、运输通道，通道应该设置可动防护栏杆，平时封锁，仅在必要的特殊情况下才使用。

（2）检修库及其辅助车间。

检修库及其辅助车间的平面布置主要取决于车辆的配属量、车辆的修程、检修方式及其工艺流程，同时要综合考虑自然地形条件、工件运输线路以及安全、防火和环保要求等因素。

① 双周、双月检库。

双周、双月检都要在库内对列车的走行部、车体及车顶设备进行检查，为便于作业和保证安全，线路采用架空形式，除线路中间设置了地沟外，在检修线两侧设有三层立体检修场地，底层地坪低于库内地坪（若以轨面标高为±0.00 m，其地坪标高约为-1.0 m），可以对走行部以及车体下布置的电气箱、制动单元、蓄电池进行检查，中间为标高+1.1 m 的左右平台，可对车体、车门进行检查作业，车顶平台标高+3.5 m，主要对车辆顶部的受电弓、空调设备进行检修，车顶平台设有安全栏杆。双周、双月检库立体检修平台示意图如图 2-27 所示。

图 2-27　双周双月检库立体检修平台

双周、双月检库根据作业的要求可设有悬臂吊，可以对需要进行拆、装作业的受电弓和空调设备进行吊装。还配置了液压升降车、蓄电池等电气箱搬运车等运输车辆。

为了对车辆进行双周、双月检、定修（年检），还应设置受电弓、空调装置、车载信号、试验设备等辅助工间以及备品工具间。

② 定修库。

定修库和周、月检一样，线路采用架空形式，线路中间设置检修地沟，线路两侧设置 3 层检修场地。车库设有 2 t 起重机。车辆的定修和临修有时也可以在一个车库进行，合并为定修、临修库，这时必须根据列车编组在库内设置架车机组，在列车解钩后可以同步架起一个单元的车辆。车库内设有 10 t 起重机，其起重量可吊装车辆的大部件。其辅助工间应和其他检修库统一考虑。

③ 架修、大修库。

架、大修的布置应根据车辆检修工艺流程确定。对车辆设备和零部件的检修方式以互换修为主；作业流程根据实践情况，一般采用流水作业和定位修方式相结合的方式。采用部件互换修可以减少列车的停库时间，并且可以合理地安排计划，做到均衡生产，避免因某一部件检修周期长，影响整列车的检修进度。联合检修厂房内设置有车辆的待修、修竣部件和部件的存放场地。

架修、大修库内的主要设备有：地下式架车机、移车台、假转向架、桥式起重机、公铁两用牵引车、必要的运输工具、工作平台等。如图2-28所示为地下式架车机。

图2-28 地下式架车机

④ 辅助检修车间及其设备。

地铁车辆是一种涉及多种专业、极其复杂的设备，在对车辆进行架、大修时，都要架车、分解，对部件进行检修。这些检修工作都是在辅助检修车间进行的。这些辅助检修车间根据列车架、大修的工艺流程，大部分都布置在检修主库的周围。

a. 转向架、轮对间。

转向架、轮对间通过轨道和转向架转盘架、大修库相连接。主要由转向架检修区、轮对检修区和轮对等零、部件的存放区组成。

转向架检修区对转向架进行分解，分解后的零、部件送到相应检修位置进行检修，恢复技术状态，然后进行组装。转向架检修区的主要设备有转向架冲洗机、转向架回转台、构架试验台、转向架综合试验台、地下式转向架托台以及减振器试验台、一系悬挂弹簧试验台等。

轮对间主要对轮对以及轴箱、轴承进行检修。主要设备有：从轴颈上组装和拆卸轴承的感应加热器、组装车轮的轮对压装机、加工车轮内孔的立式车床、加工轴颈的轴颈磨床和加工轮对踏面的轮对车床等大型设备。还有对轴箱轴承进行清洗和检查以及分解轴箱的感应加热器等设备。由于轮对的车轴承受循环应力，其破坏形式是疲劳破坏，应定期对其进行探伤，还要配置超声波及磁粉探伤设备。由于对轴承的检修工作专业性强，需要大量的设备和占地，但是每年的工作量很小，所以一般都将轴承检修工作委托给社会专业单位承担。有条件的地方，也可以将探伤工作委托给社会专业单位承担。

转向架、轮对间要适应互换修方式，有足够的转向架、轮对及其他零部件的存放场地，还应配备相应的起重设备。

b. 电机间。

电机间是对车辆牵引电机、空气压缩机电机以及其他车辆设备（如制动电阻冷却风机等）的动力电机进行检修的辅助车间。需要配备电机分解、检测、组装、试验的设备和必要的起重、运输设备。

主要设备有牵引电机试验台、其他电机试验台，采用直流电机的还有整流器下刻机、点焊机、动平衡试验机等。牵引电机试验台如图2-29所示。

图 2-29　牵引电机试验台

电机大修作业的专业性强，检修量少，并且需要绕线、浸漆、烘干等设备。一般都委托专业工厂进行。

c. 电器、电子间。

电器间承担对车辆电气组件的检修作业，对列车的主控制器、主逆变器、辅助逆变器、各类高速开关、直流接触器等各种电器进行试验、检修、检验，装备有综合电气试验台，辅助逆变器试验台，高速开关试验台、主接触器试验台、速度传感器试验等各类试验台，以及供电气测试的各种仪器仪表。

电子间主要对列车牵引、制动、空调等计算机控制系统的各类电子控制板进行检修作业，由于电子间的检修、测试对象都是精密的电子元件，因此电子间要求采取无尘、防静电、控制环境温度和湿度等措施，是一个对环境要求很高的车间。

辅助车间还有车门、制动、车钩、受电弓、空调检修间，相应的配备有车门试验台、制动试验台、阀类试验台、车钩试验台、受电弓试验台、空调试验台以及必要的检修设备。

上述辅助车间一般都布置在架、大修主库的周围，可以使检修工序、流程合理紧凑简洁。减少运输路程，提高工作效率。

（3）其他库房及车间。

检修基地内有些库房及车间由于环境保护和劳动保护要求、检修的特殊要求等因素，或者是由于设施和检修基地的检修共同使用，要单独设置。

① 不落轮镟床库。

地铁车辆转向架的轮对在运行中有时会出现由于踏面的擦伤、剥离和轮缘磨耗达不到运行技术要求的问题，需要及时镟削。使用不落轮镟床可以不拆卸轮对直接对车辆的轮对踏面和轮缘即时地进行镟削。运行的实践说明，不落轮镟床是保证地铁车辆正常运行不可缺少的重要设备。开始建设时就要对此作充分考虑。如图 2-30 所示为 STC14020 型不落轮镟床。

图 2-30　STC14020 型不落轮镟床

不落轮镟床需要在温度、湿度得到控制的环境中使用，为减少投资，在库内为要镟床单独设置隔离的环境空间。

不落轮镟床库及其前后一辆车辆范围的线路为平直线路。作业线的长度要满足列车所有车辆轮对镟削的要求，列车出入库和轮对的就位一般由专门的牵引设备承担。

② 列车洗刷库。

列车洗刷库建在洗刷线的中部，库内设有自动洗刷机，可对列车端部和侧面进行化学洗涤剂和清水洗刷。在洗刷过程中，列车的行进可利用自身动力，也可用专设的小车带动，分为水喷淋、喷化学洗涤剂、刷洗等多道工序，在寒带地区还应有车体干燥工序。列车自动洗刷机如图 2-31 所示。

图 2-31　列车自动洗刷机

为避免列车洗刷作业影响其他线路的进路。洗刷机前后线路的长度都不应小于一列车的长度。

③ 蓄电池间。

蓄电池间主要对地铁车辆的碱性蓄电池进行充电和检修，另外也对各种运输车辆的酸性蓄电池进行充电和检修。蓄电池间要配置相应的试验、充电设备和通风、给排水和防腐设施。碱性和酸性蓄电池操作间应分开设置，防止酸气进入碱性蓄电池，酸、碱发生中和作用，影响蓄电池的质量。蓄电池间要单独设置，并布置在长年主导风向下风侧，而且还要有防爆措施。

④ 中心仓库。

中心仓库承担城市轨道交通全线各专业所需机电设备、机具、工具、材料、备品备件的供应工作。主要工作环节有采购、入库、仓储、发放。仓库中应有仓储起重、运输等设备和设施，还应附有露天存放场和材料专用轨道线。还要设置专门的环控库房，存放对环境要求高的精度配件。

对于易燃易爆物品要单独设立危险品仓库，危险品仓库应单独设置在对周围建筑影响最小的位置，并与外界隔离，根据易爆、易燃物品的性质要分不同房间存放，建筑物的通风、消防等要符合有关规定。有时为了减少与邻近建筑物之间的防火距离，易燃品库也可是半地下式或地下式的建筑。

城市轨道交通设备配件种类繁多（仅车辆配件就有数千种），价值昂贵。仓库对物流的管理涉及社会流通领域和城市轨道交通内部生产流域。它既是各专业检修生产工艺的组成部分，与检修生产密不可分，要保证供应；又有着非常强的"成本中心"的作用，对材料、备件的消耗管理和物流本身对资源的占用和消耗都和检修成本有着直接关系。

随着现代物流技术、计算机信息管理技术和电子商务的发展，使中心仓库采用自动化立体仓库仓储技术、建设"城市轨道交通自动化综合物流系统"成为可能。

自动化立体仓库主要由货物存储系统、货物存取和运输系统、控制和管理三大系统组成，还有与之配套的供电系统、消防报警系统、网络通信系统等。

除此之外，根据需要还有调机（内燃机车）库、消防间，污水处理站、配电站、变电站、机加工中心、汽车库等库房，车间也需要单独设置。

2.5 识读车辆段线路、信号平面布置图

2.5.1 教学目标

1. 能力目标

能识别车辆段示意图中各种主要线路，理解其功能与特点；能在车辆段示意图中区分各种类型的信号设备。

2. 知识目标

掌握车辆段主要线路的功能与特点；掌握车辆段各种信号设备作业功能和显示意义。

3. 素质目标

培养城市轨道交通安全生产意识，作业过程与设备操作期间必须严格遵章守纪。

2.5.2 工作任务

通过本任务，要求能掌握车辆段主要线路的功能与特点；掌握车辆段各种信号设备作业功能和显示意义。

2.5.3 所需设备

已投入运营的一座城市轨道交通车辆段，停车场沙盘一个，车辆段沙盘一个。

2.5.4 相关配套知识

1. 检修基地的主要线路

（1）停车线。

停车线应为平直线路，一般设停车库，停放车辆同时兼作检修线，分为尽端式和贯通式，但贯通式便于列车灵活调度，因此尽可能采用贯通式。一般尽端式每线停放两列列车、贯通式可停放 2~3 列列车。

（2）出、入段线。

供车辆出、入停车场或车辆段的线路，除特殊条件限制外都要设置为双线，并避免切割正线，根据行车和信号要求留有必要的段（场）线路与运营正线的转换长度。

（3）牵出线。

牵出线适应段（场）内调车的需要，牵出线的长度和数量根据列车的编组长度和调车作业的方式和工作量确定。

（4）静调线。

设在静调库内，列车检修完毕在到试车线试车之前，要在静调库对列车进行静态调试，检查列车各部分的技术状态，对各种电气设备和控制回路的逻辑动作和整定值进行测试和调整。静调线全长设置地沟，地沟内设置照明光带。静调线为平直线路，静调库内还要设置车间牵引电力电源和有关的测试设备。车辆段在车辆检修后进行车辆的尺寸检查作业，其中要对车辆的水平度进行检查，需要轨道高差精度等标准较高的线路（称为零轨），宜设在静调线。

（5）试车线。

供定、架、大修后列车在验收前的动态调试。试车线的长度应满足远期列车最高运行速度、性能试验、列车编组、行车安全距离的要求。一般为平直线路，线路中间要设置不小于一单元列车长度的检查坑，供试车临时检查用。为进行列车车载信号装置的试验，试验线还应设置信号的地面装置，试车线旁应设置试车工作间，内设信号控制和试车必需的有关设备、设施和仪器。试车线应采取隔离措施。

（6）洗车线。

供列车停运时洗刷车辆用，洗车线中部设有洗车库。洗刷线一般为贯通式，尽量和停车线相近,这样可以减少列车行走时间,并减少对车场咽喉地区通过能力的压力。洗车库前后要设置不小于一列车长度的直线段,以保证列车顺利进出洗车库。

(7)检修线。

检修线为平直线路,布置在检修、定修、架修、大修库内。架大修线的线间距要根据架修作业需要,还要综合考虑架车机等检修设备以及检修平台等的布置,检修移动设备、备件运输车辆移位,以及检修人员作业需要的空间确定。检修线中要有一条对平直度要求较高的线路,用于对车体地板高度的精确测量。

(8)临修线。

列车发生临时故障和破损,在临修线上完成对车辆的临修工作,临修线的长度以能停放一列车为准,并考虑列车解编的需要。

以上是保证列车运行和检修的主要线路,除此之外,维修基地内还必须按需要设置临时存车线、检修前对列车清洗的吹扫线、材料装卸专用线、内燃调机车和特种车辆(如轨道车、触网架线试验车、磨轨车、隧道冲洗车等)停车线、联络线和与铁路连通的地铁专用线等。

2. 例:G 市地铁 Y 车辆段线路设备

(1)车辆段概述。

① 车辆段管辖区。

Y 车辆段位于 G 市黄埔大道以北,中山大道以西地块内,地处五号线 Y 站与 S 站之间,总用地面积 25.68 公顷(0.256 8 km^2),其中围墙内占地面积为 22.45 公顷(0.224 5 km^2),围墙内方为车辆段管辖范围,与正线以 X2031、S2025 信号机为界。

② 站场及线路总平面布置。

Y 车辆段以运用部分和检修部分为主体进行总平面布置,运用部分与检修部分呈顺向纵列式布置。如图 2-32 所示。

运用部分设在车辆段东端,由运用库(一)和运用库(二)组成。其中运用库(一)内含三月检/定修库、六日检库、停车棚,三月检/定修库内设 4 股道,设 2 个三月检列位,2 个定修列位;六日检库设 6 股道,共设 12 个六日检列位。如图 2-33 所示。停车棚内设 10 股道,共设 20 个停车列位。如图 2-34 所示。

运用库(二)含停车棚和镟轮库,停车棚内设 12 股道,共 24 个列位;镟轮库设 1 股道。如图 2-35 所示。检修主厂房设在运用部份岔群前端的出入段线北侧,与运用部分通过牵出线连接。物资总库和污水处理场设在检修主厂房与运用部分之间的空地上。综合楼、调机库设于检修主厂房线群西端的空地上,在车辆段北侧边缘设置试车线。工程车库布置在洗车线的南侧,工程车库线全部采用 7 号道岔和 150 m 曲线半径连接,工程车库南侧设材料运输线 1 条和材料堆场。在车辆段西侧与出段线之间的三角形地块设置了主变电站和控制中心。

③ 车厂任务。

a. 承担地铁五号线机电、通信、信号、线路、隧道、桥涵、房屋等运营设备设施的维修、保养任务。

b. 承担地铁五号线材料、工器具及器材的管理、供应任务。

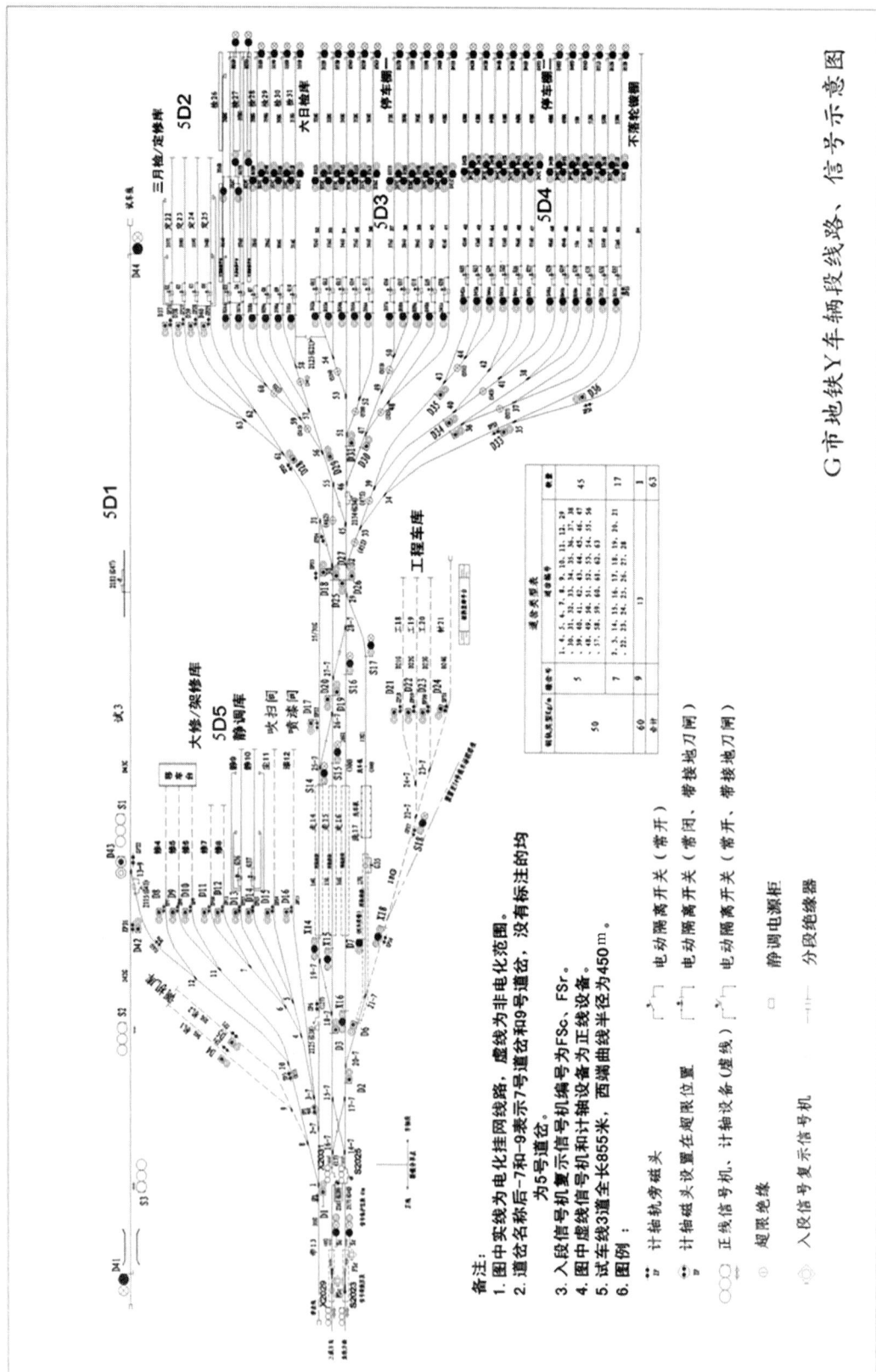

图 2-32 G市地铁Y车辆段线路、信号平面布置图

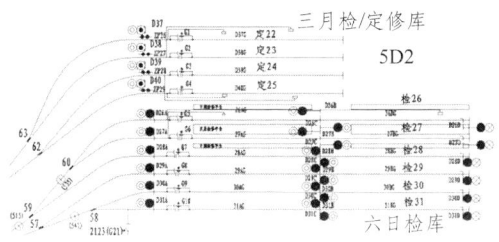

图 2-33 三月检/定修库、六日检库布置图

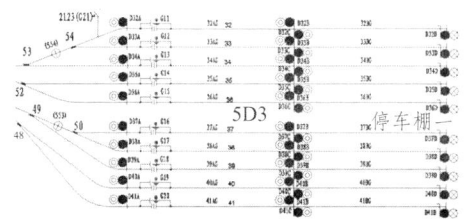

图 2-34 运用库（一）停车棚布置图

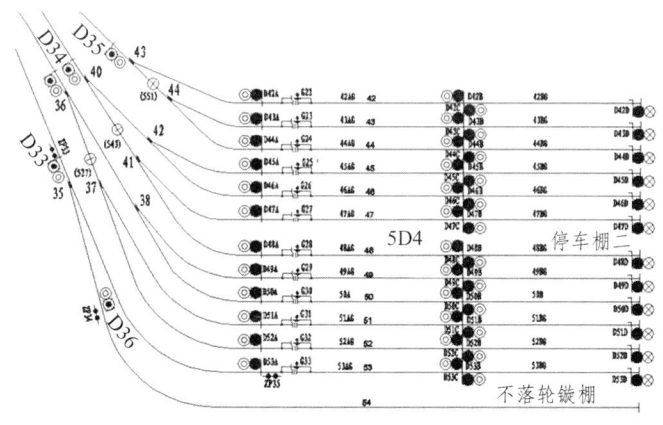

图 2-35 运用库（二）布置图

c. 承担地铁五号线客车的停放、日常检查、清洗、喷漆、静调、临修、大修、架修、定修、镟轮及工程机车车辆的停放、检修等作业。

d. 提供运用列车投入服务。

e. 负责五号线列车运行出现故障时的技术检查、处理和救援工作。

（2）车辆段线路设备。

车辆段线路按作业目的和功能分为运用线、检修线、其他线。详细如表 2-10 所示。

表 2-10 Y 车辆段线路及其作业

运用线	试车线 3 道
	牵出线 13 道
	走行线 14 至 16 道
	洗车线 17 道
	停车线 32 至 53 道

续表

检修线	大修/架修线 4 至 6 道
	架修线 7 道
	临修线 8 道
	静调线 9 至 10 道
	吹扫除尘线 11 道
	喷漆线 12 道
	三月检/定修线 22 至 25 道
	六日检线 26 至 31 道
其他线	调机库线 1 至 2 道
	工程车库线 18 至 20 道
	材料运输线 21 道
	联络线 L10 至 L13
	渡线（L16~L17、L14~L15、L18~L19、L25~L26、L27~L28）

3. 例：G 市地铁 Y 车辆段信号设备

（1）信号设备概述。

地铁信号设备是保证行车安全，提高运输效率，改善行车有关人员劳动条件的设备。信号是指示列车运行及调车工作的命令，有关行车人员必须严格执行。

信号分为视觉信号和听觉信号。视觉信号的基本颜色有红色、蓝色、白色、黄色；听觉信号有口笛发出的音响和机车车辆、列车的鸣笛声。

Y 车辆段信号设备包括了 169 架信号机，63 组道岔、64 组转辙机、35 个计轴传感器、23 个计轴区段、91 个轨道电路区段。其中入厂信号机 2 架、入厂复示信号机 2 架、发车信号机 4 架、调车信号机 156 架。

（2）信号机分类及显示意义。

车厂内所有信号机设置在列车运行方向的右侧。按作业目的分为入厂信号机、出厂信号机、调车信号机。各种信号机的作业功能及显示意义如表 2-11 所示。

表 2-11 信号机作业功能及显示意义

信号机名称	作业功能	显示意义
入厂信号机	作为列车入车厂的凭证，指示列车由转换轨开往车厂走行线（14 道、15 道、16 道）、洗车线 17 道和 18G 停车。高柱三显示，共 2 架	黄灯——允许列车入车厂 红灯——禁止越过该信号机 黄/红灯——引导信号，允许列车进车厂（黄、红灯位间设空灯位）
复示信号机	由于入厂信号机受地形、地物影响，达不到规定的显示距离，在该信号机前装设了复示信号机，表示入厂信号机开放状态。采用方形背板	绿灯——表示入厂信号机在开放状态，允许越过该复示信号机，凭入厂信号机入厂 无显示——表示入厂信号机在关闭状态，允许越过该复示信号机，须在入厂信号机前停车

续表

信号机名称	作业功能	显示意义
出厂信号机	指示列车由走行线和 18G 开到 X2031 或 S2025 信号机前停车，凭 X2031 或 S2025 信号机开放占用转换轨。矮柱三显示，共 9 架（X14、X15、X16、X18、S14、S15、S16、S17、S18），其中 S14、S15、S16、S17、S18 五架信号机封黄显示，设置在走行线 14 道、15 道、16 道、洗车线 17 道、18G	黄灯——允许列车发车 红灯——禁止越过该信号机 月白灯——准许越过该信号机调车
调车信号机	调车信号机指示调车机车车辆能否进入该信号机的防护区段或线路上进行调车作业。车厂内运用线、检修线和其他线均装设有调车信号机。长遮檐式调车信号机 69 架，装设在库外岔群；短遮檐式调车信号机 52 架，装设在六日检库、停车棚一、停车棚二内；高柱调车信号机 1 架，装设在牵出线 13 道；半高柱信号机 4 架，装设在六日检库 26 道、27 道 A、B 段间。均为两显示	蓝灯——禁止越过该信号机调车 月白灯——准许越过该信号机调车
停车线调车信号机		红灯——禁止越过该信号机 月白灯——准许越过该信号机调车
尽头式调车信号机	矮柱尽头调车信号机 28 架，设置于试车线尽头、运用库内尽头；半高柱尽头式调车信号机 2 架，设置于六日检库 26 道、27 道尽头。	均为单红显示，禁止越过该信号机

（3）其他信号设备。

①计轴传感器。

车厂内有 35 个计轴传感器，安装在钢轨侧。

②车挡表示器。

车厂内所有尽头线线路终端均设有车挡。试车线采用液压滑动式车挡，两端线路终端各一个；库内线路终端采用 YCD 型月牙车挡，共 47 个；牵出线 13 道及材料线 21 道线路终端采用直壁式车挡，共 2 个。

车厂内所有车挡上均设置有车挡表示器，昼间显示一个红色方牌，夜间显示为一个红色反光牌。

③信号标志。

车厂内的信号标志装设在列车运行方向的右侧，特殊情况下装设在左侧（设在左侧的信号标志有：走行线 14 道的停车收靴（转换受电模式）标、21 道的停车位置标等），车厂内各种信号标志及其功能如表 2-12 所示。

表 2-12　各种信号标志及其功能

信号标志	设置位置	功　能
警冲标		
停车位置标	装设在试车线尽头式调车信号机 D41、D44 前方 50 m 处、牵出线 13 道 D1 信号机前 120 m 处、54 道库前、材料装卸线 21 道车挡前 10 m 处等	指示司机对标停车
预告标	设在试车线尽头式调车信号机 D41、D44 信号机前方 350 m、250 m、150 m 处	作为预告接近尽头式调车信号机的标志
接触网终点标	设在 54 道库前、牵出线 13 道、试车线两端接触网终端	警告客车司机运行时不准客车司机室后第一个客室门越过该标，防止客车脱弓
一度停车标	装设在平交道口前 1 m 处，	指示司机对标停车，确认平交道口与库门的状态，防止发生冲突或压人
停车收靴（转换受电模式）标	装设在走行线 14 道 S14 信号机前 10 m 处、15 道 S15 信号机前 20 m 处、16 道 S16 信号机前 50 m 处、洗车线 17 道洗车信号机 P1 前 4 m 处、试车线 D43 信号机前 15 m 处	指示司机对标停车，并在此处停车收靴，转换为受电弓模式受电
停车降弓（转换受电模式）标	装设在走行线 14 道 X14 信号机前 8 m 处、15 道 X15 信号机前 8 m 处、16 道 X16 信号机前 8 m 处	指示司机对标停车，并在此处降下受电弓，转换为集电靴模式受电
停车降弓标	装设在不落轮镟修线 54 道库前，于平交道口前 1 m 处，与接触网终点标齐平	指示司机进入该线路的客车须降弓
3 km/h 限速标	装设在牵出线 13 道、洗车线 17 道，速线路，越过该标时须限速 3 km/h 运行	提示司机前方为进入尽头线或设备要求限速线路，越过该标时须限速 3 km/h 运行
50 km/h 限速标	装设在试车线距停车位置标 300 m 处，两端各安装一块，	指示司机驾驶机车车辆在试车线运行时，越过此标时速度不能高于 50 km/h，如在此标处速度仍为 50 km/h 时，需施加全制动停车
停车位置转换模式标	装设于转换轨 X2029、S2023、Sc、Sr 信号机前 10 m 处，	指示司机在此处停车转换驾驶模式

项目小结

本项目安排了五个典型工作任务：一是考察一条城市轨道交通线路的车站，分析不同车站技术设备对车站工作的影响；二是学习考察轨道交通车站，以具体车站为例，绘制车站站厅、站台层平面示意图，标注乘客进出站流线；三是考察了城市轨道车站里各种机电设备的运行管理以及故障处理；四是了解城轨交通车辆检修基地；五是识读车辆段线路、信号平面布置图。

通过本项目的学习，要求学习者：能掌握车站组成、分类及分等，明确不同线路在车站运营工作中的使用，会画车站线路布置平面示意图；掌握线路编号和道岔编号、线间距；明确车站功能，掌握车站布局对进出站乘客流线、紧急疏散乘客流线的影响；理解车辆检修基地的功能和检修基地的选址、布置原则，了解检修基地的布局，能叙述一般检修项目及其对应的设备；能识别车辆段示意图中的各种主要线路，理解其功能与特点，能在车辆段示意图中区分各种类型的信号设备。

复习思考题

1. 地铁车站建筑一般由哪几部分组成？
2. 车站按位置分地下车站由哪几部分组成？
3. 地下车站站台有哪几种类型？
4. 车站主要技术设备有哪些？
5. 地铁车站有哪些主要功能？
6. 火灾自动报警系统有哪些功能？
7. FAS 由哪几部分组成？
8. 在地铁火灾救援工作中，行车值班员的职责是什么？
9. 简述多对安全门不能关闭的处理办法。
10. 电梯停在平层区域但不能自动开门的情况下如何救援？
11. 电梯停在非平层区域，在电梯有电和电梯无电的情况下，救援工作有何不同？
12. 自动扶梯运行前要进行哪些准备工作？
13. 说明自动扶梯的开启操作步骤。
14. 环境控制系统的作用是什么？
15. BAS 有哪些功能？
16. 停车场主要承担什么任务？
17. 车辆段主要拥有哪些功能？
18. 车辆段的布置形式有哪些？
19. 列表说明各检修库及其辅助车间的检修作业与配套设备。
20. 车辆段主要有哪些线路？各自的功能是什么？
21. 信号设备如何分类？
22. 说明主要信号机的种类及其显示意义。
23. 叙述各种信号标志的设置位置和功能。

项目三 城市轨道交通车辆设备

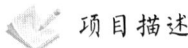
项目描述

介绍城市轨道交通车辆的发展，车辆分类，组成及各组成部分的作用，城轨车辆的编组形式，车辆尺寸及主要技术参数。

3.1 城市轨道交通车辆的发展和特点

3.1.1 教学目标

（1）知识目标：了解城市轨道交通车辆的发展和特点。
（2）能力目标：会识别车辆的类型和组成部分。
（3）素质目标：培养认真、细致、严谨的工作作风。

3.1.2 工作任务

熟悉城市轨道交通车辆的发展和特点。

3.1.3 所需设备

城市轨道车辆的图片、模型。

3.1.4 相关配套知识

世界上第一条城市地下铁路诞生于1863年的伦敦，当时使用蒸汽机车作为动力，很快被内燃机车取代。1890年，电力机车出现后，地铁进入了它的快速发展阶段，最初地铁车辆车厢采用木制，后来改为钢制的。1953年开通的多伦多的地下铁路，车厢改为铝制，有效减少了维修成本和车辆自重。

在国外，城市轨道车辆产业已有 100 多年的发展历史。目前的几个大跨国集团占有国际市场90%的份额，如西门子、阿尔斯通、庞巴迪等。根据所采用的电气牵引系统的不同，可将城市轨道客车的发展分为三个阶段：20 世纪 50 年代以前，采用直流调速牵引系统的凸轮调阻车；50～70 年代，采用直流调速牵引系统的斩波调压车；20 世纪 70 年代以后，采用交流调速牵引系统的调频调压车。以北京地铁为例，地铁车辆经历三次更新换代。

第一代：凸轮调阻车，生产于 20 世纪 60～70 年代，型号有 DK3G、DK20、DK16A、BD1、BD2 等。以 DK20 为例，车身最大长度为 19 000 mm，最大宽度 2 800 mm，最大高度为 3 695 mm；最高时速 80 km/h，牵引加速度 0.83 m/s^2，常用制动减速度 1.0 m/s^2，紧急制动减速度 1.2 m/s^2；控制方式为凸轮调阻控制；制动方式为电阻制动并由空气制动补足；通风方式为轴流式风机；每车设置紧急报警按钮，但没有通话装置；引导装置为门区的线路图；采用自动报站广播。

第二代：斩波调阻车（斩波调压车），生产于 20 世纪 80~90 年代，型号有 DK11、M、GTO 等。以 DK11 为例，车身最大长度为 19 000 mm，最大宽度 2 600 mm，最大高度为 3 510 mm；最高时速 80 km/h，牵引加速度 0.83 m/s^2，常用制动减速度 1.0 m/s^2，紧急制动减速度 1.2 m/s^2；控制方式为斩波调阻控制；制动方式为电阻制动并由空气制动补足；通风方式为轴流式风机；每车设置紧急报警按钮，但没有通话装置；引导装置为门区的线路图；采用自动报站广播。

第三代：调频调压车，生产于 1998 年，型号有 DKZ4、DKZ5、北京八通线新型交流电动客车等。以 DKZ4 为例，车身最大长度为 19 000 mm，最大宽度 2 800 mm，最大高度为 3 510 mm；最高时速 80 km/h，牵引加速度 0.83 m/s^2，常用制动减速度 1.0 m/s^2，紧急制动减速度 1.2 m/s^2；控制方式为调频调压控制；制动方式为再生制动并由空气制动补足；每车有两台空调通风；每车设置紧急报警按钮和通话装置；引导装置为门区的线路图；采用自动报站广播。

目前我国城市轨道交通车辆新建线路主要运行现代列车，其流线型车体符合空气动力学要求，大大减轻了空气阻力；车身长度为 19 000 mm，最大高度为 2 800 mm，车辆高度小于等于 3 810 mm，客室内净高大于等于 2 100 mm；最高时速为 80 km/s，列车从 0 加速到 40 km/h 时启动加速度大于等于 0.83 m/s^2，列车从 0 加速到 80 km/h 时启动加速度小于等于 0.5 m/s^2；车辆结构和内部装饰更加舒适便捷，设计更加人性化。现代地铁车辆在设计和制造方面采用了许多世界先进的技术。如深圳地铁 1 号线车辆的主要特点如下。

1. 车辆结构特点

（1）车体结构采用大断面中空挤压铝型材模块化结构和整体承载结构设计，车辆自重轻，列车牵引能耗小。

（2）鼓形车体、对开式电动塞拉客室侧门以及手动塞拉司机室侧门结构不仅增大了客室空间，而且车体外表平整，无凹凸结构，造型美观。

（3）采用无摇枕转向架，减振系统由一系悬挂装置（金属橡胶弹簧）、二系悬挂装置（空气弹簧）以及液压减振器组成，结构紧凑，减振效果好。

（4）列车之间通过密接式车钩实现机械、电路、气路的全自动连接。

（5）车体之间采用贯通式通道连接，乘客可以在车辆之间流动，使各节车辆的载客量得以均匀分布。

2. 运行方式特点

（1）应用先进的列车自动驾驶（ATO）系统。

（2）主牵引系统的控制方式采用当今世界先进的微机控制的交流调频调压（VVVF）技术。

（3）逆变器采用了频率高、功率大的电力电子器件——IGBT。

（4）列车制动采用电气（再生制动和电阻制动）和空气混合制动方式。

（5）采用了先进的微机控制技术，并具有故障自诊断功能。如牵引控制单元、辅助逆变器控制单元、电子制动控制单元、空调控制单元及车门控制单元均采用了微机控制技术。

3. 乘客信息系统

乘客信息显示系统采用先进的车站地图闪光系统，车站地图闪光系统显示器能够实时向乘客显示列车运行的线路、运行的方向、目的地站以及将要到达的下一站、当前停靠站、车门打开侧等信息。

4. 安全性能特点

采用列车自动保护（ATP）系统和大容量撞击能量吸收车钩、设计有制动和车门电气安全回路、高压电气设备安全防护措施等。在列车出现安全故障的情况下列车具有自动紧急制动功能。

上海地铁各条线路采用了不同厂商、不同制式的车辆，以一号线直流车 DC01 型为例：

（1）车体基础结构采用高强度、耐腐蚀、重量轻的铝合金中空挤压型材，底架无中梁的整体承载全焊接结构。客室每侧为五扇大开度双叶内藏式气动门，司机室前端设有紧急疏散门，整列车所有车辆的客室通过贯通道连接。

（2）转向架为无摇枕外置式轴箱二轴结构形式。构架为钢质压型焊接结构，设二系悬挂装置，除了安装垂向和横向减振器外还设有抗侧滚扭杆机构，使转向架有良好的运行稳定性。

（3）采用微机控制的模拟制动机控制单元式基础制动装置，实现了无级制动。

（4）车辆有良好的通风设施和应急通风系统。一体式空调装置能控制车内的温度和湿度。

（5）电气传动系统采用直流斩波调速，由 SIBAS-16 微机系统控制，实现了无级调速。列车具有再生制动、电阻制动和空气制动。采用顺序制动的方式，优先采用电制动，减少空气制动。

（6）列车设有完善的空转和滑动保护系统。

（7）辅助静止逆变器及其配套的整流装置为辅助系统提供三相交流电及直流控制电源。

（8）列车诊断系统具有对主要车载设备的技术状态进行检测、诊断、评估、存储、显示和报警的功能。

（9）列车设有运行自动控制系统的相关设备，实现列车自动驾驶和自动保护功能。

3.2 城市轨道交通车辆的类型、编组及标识

3.2.1 教学目标

（1）知识目标：了解城市轨道交通车辆的类型和组成。

（2）能力目标：会识别车辆的类型和组成部分。

（3）素质目标：培养认真、细致、严谨的工作作风。

3.2.2 工作任务

熟悉城市轨道交通车辆种类、基本组成和各部分的作用。

3.2.3 所需设备

城市轨道车辆的图片、模型。

3.2.4 相关配套知识

1. 车辆类型

城市轨道交通车辆主要指地铁车辆和轻轨车辆。

城轨车辆是技术含量较高的机电设备,是城轨交通工程中关键的设备,其选型和技术参数是选择线路技术标准的基础,也是确定系统运营管理模式和维修方式的基本条件。由于建设时城轨车辆发展水平不同、提供商的技术背景不同以及城市运用环境等的不同,我国各城市的城轨车辆的结构和性能不尽相同,但都尽可能地结合了城市各自的特点,以满足城市交通客流量大、安全、快速、舒适、美观、节能和环保的要求。具有先进性、可靠性和实用性。

目前,我国城市轨道交通车辆提供商较多,各城市的要求也不一样,因此,车辆品种较多,规格各异。为有利于我国城轨车辆制造、运营和维修,城轨车辆类型的规范化及主要技术规格的统一是必须的。建设部颁发的《城市快速轨道交通工程项目建设标准》中按照车体宽度的不同将我国城轨车辆分为 A、B、C 三种型式,其中 A 型车和 B 型车统称为地铁车辆,C 型车为轻轨车辆。各类型车主要技术规格如表 3-1 所示。

表 3-1 各类车型主要技术规格

序号	项目名称		A 型车	B 型车	C 型车		
			四轴车	四轴车	四轴车	六轴车	八轴车
1	车辆基本长度/m		22	19	18.9	22.3	29.5
2	车辆基本宽带/m		3	2.8	2.6		
3	车辆高度	受流器车/m(加空调/无空调)	3.8/3.6	3.8/3.6	3.7/3.25		
		受电弓车/m(落弓高度)	3.8	3.8	3.7		
		受受电弓工作高度/m	3.9~5.6				
4	车内静高/m		2.10~2.15				
5	地板面高/m		1.1		0.95		
6	车辆定距/m		15.7	12.6	11	7.2	
7	固定轨距/m		2.2~2.5	2.1~2.2	1.8~1.9		

续表

序号	项目名称		A型车	B型车	C型车		
			四轴车	四轴车	四轴车	六轴车	八轴车
8	车轮直径/mm		840		760		
9	每侧车门个数		5	4	4	4	5
10	车门宽度/m		≥1.3				
11	车门高度/m		≥1.8				
12	定员人数	单司机室车	295	230	200	240	315
		无司机室车	310	245	210	250	325
13	站立人员标准	定员/(人/m²)	6				
		超员/(人/m²)	9				
13	车辆轴重/t		≤16	≤14	≤11		
14	最高运行速度/(km/h)		≥80		≥70		
15	噪音/[dB(A)]	司机室内	≤72		≤70		
		客室内	≤72		≤75		
		车外	80~85		≤82		

地铁车辆的分类：按有无动力装置可分为动车（M）和拖车（T），动车和拖车都可以乘坐旅客；按有无司机室和是否有受电弓可分为带司机室拖车、无司机室带受电弓动车和无司机室不带受电弓动车等；按牵引供电方式分类，我国地铁主要有两大类型：一种是以北京天津地铁为代表的接触轨（第三轨）受流，窄车体车辆，额定电压为 DC 750 V，车长 19 m，车宽 2.8 m，车高 3.5 m。另一种是以上海、广州、深圳、南京地铁为代表的接触网受流的宽车体车辆，额定电压为 DC 1 500 V，车长 22.8 m，车宽 3 m，车高 3.8 m。

2. 地铁车辆的编组

根据客流量，地铁车辆运营时都是以动车组的形式进行的，多者以 6~8 辆为一列，少则 2 辆便可组成一列。地铁车辆有动车、拖车、带司机室车和不带司机室车等多种形式。

（1）列车编组方式。

国内已运营的部分地铁编组情况如下：采用 6 辆编组时按 A-B-C-C-B-A；采用 8 辆编组时按 A-B-C-B-C-B-C-A，其中 A 表示带司机室拖车；B 表示带受电弓动车；C 表示无弓动车。上述编组能保证所编列车首尾两辆车均有司机室，中间各车辆间贯通，旅客可以在整个列车走动，使乘客在全列车中均匀分布，在列车发生紧急情况时，乘客可以通过司机室前端安全门撤离。

（2）车辆连接方式。

上海地铁一号线、二号线：采用 6 辆编组为 "-A=B*C=C*B=A-"，采用 8 辆编组为 "-A=B*C=B*C=B*C=A-"，其中 "-" 表示自动车钩，"=" 表示半自动车钩，"*" 表示半永久牵引杆。

广州地铁一号线、深圳地铁一号线：采用 6 辆编组为 "-A*B*C=B*C*A-"。

北京地铁早期的列车采用全动车编组，两车为一单元，使用时按 2、4、6 辆编组成列车。目前，北京地铁四号线列车采用六辆编组，三动三拖，按 "=Tc$_1$*M$_1$*M$_3$*T$_3$*M$_2$*TC$_2$="

编组。其中"Tc"表示带司机室的动车;"M"表示动车;"T"表示拖车;"*"表示半永久性牵引杆;"="表示半自动车钩。

3. 地铁车辆的标识

(1) 车辆的编号。

一般每节车辆都有属于自己的编号,但各大城市的地铁车辆编号并不完全统一。如上海地铁一、二号线车辆的编号由五位数字组成,采用YYCCT形式,其中YY为车辆出厂的年份,CC为这一年同类型车辆的生产顺序号,T为车辆类型代号,其中"1"为A型车,"2"为B型车,"3"为C型车。例如"92082"为1992年出厂的第8辆车,其车辆类型是B型车。目前上海地铁列车的编组是固定的,编号后的车辆在列车的编组位置相应没有变化。如图3-1所示。

广州地铁一、二、三号线车辆编号包含的信息有:车辆所属线路(一个字母或数字)、车辆类型(A、B或C型车)、生产顺序号(同类型车辆的连续编号,不同的车辆类型以新的顺序开始编号)

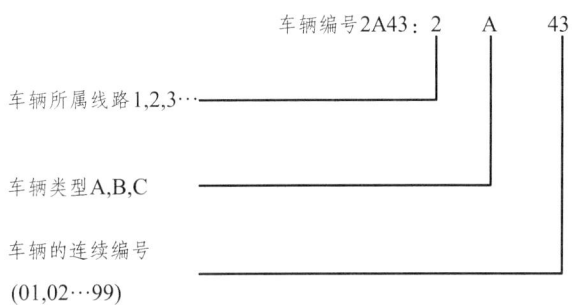

图 3-1 车辆编号含义

其他编号方式如深圳地铁车辆采用4位数字编号,车辆编号包含线路序号、车组号、车辆在车组中的位置3种含义。如图3-2所示,如表3-2所示为编号举例。

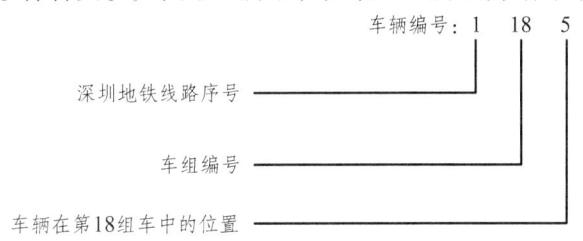

图 3-2 深圳地铁编号含义

表 3-2 车辆编号举例

车型	第一列车	第二列车	第二十二列车
A	1 011	1 021	1 221
B	1 012	1 022	1 222
C	1 013	1 023	1 223
C	1 014	1 024	1 224
B	1 015	1 025	1 225
A	1 016	1 026	1 226

（2）车端、车侧的定义。

①车端的定义：为了对车门进行编号，每辆车的1位端按如下定义（另一端就被定义为2位端）。A车：1位端是带有全自动车钩的一端；B车：1位端是与A车连接的一端；C车：1位端是连接半永久牵引杆的一端。见图3-3。

②车辆车侧的定义：站在车辆的Ⅱ位端，面向Ⅰ位端时，观察者的右侧为车辆的右侧，观察者的左侧为车辆的左侧。如图3-3所示。

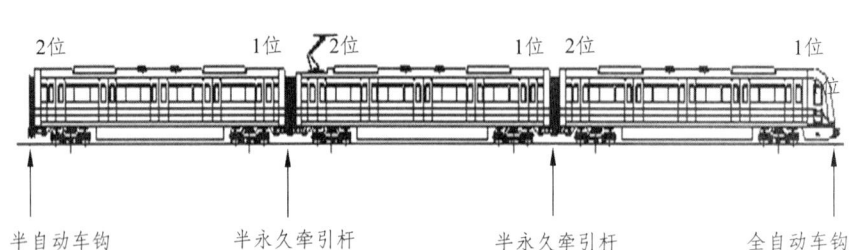

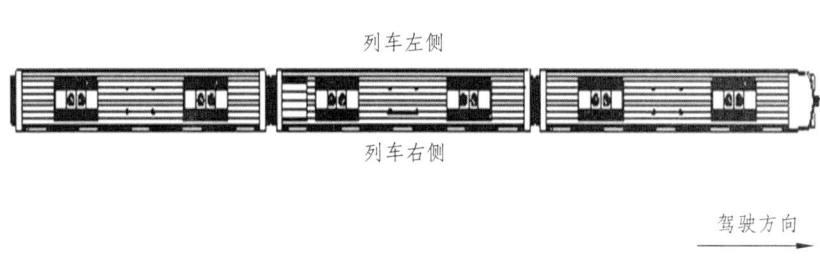

图3-3 车辆端部、侧部以及列车侧部定义示意图

③列车侧部：列车左右侧是根据司机驾驶列车的方位来定义，司机的右侧定义为列车的右侧，另一侧则定义为列车的左侧。

（3）车门的编号。

我国地铁车辆A型车每侧为5个门，B型车每侧为4个门。如上海地铁车辆采用内藏式对开滑动门，车辆每侧设5个门，每个门有两片门叶，客室侧门沿着每节车的左右侧对称均匀分布，沿着每辆车的左侧，门页采用1和19之间的奇数进行连续编号。沿着每辆车的右侧，门页采用2和20之间的偶数进行连续编号。门的编号是两个单独门页的号码合并组成，左侧编号为1/3的门和右侧编号为2/4的门是距离车辆1位端最近的门，左侧编号为17/19的门和右侧编号为18/20的门距离车辆2位端最近的门。详细如图3-4所示。

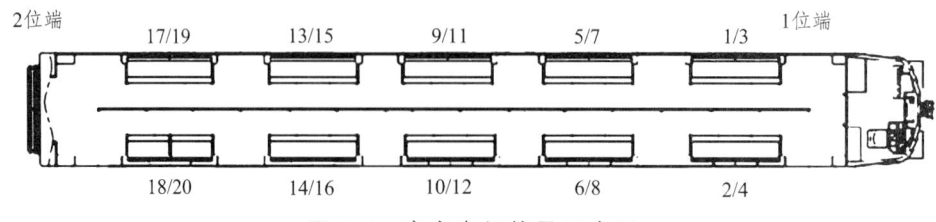

图3-4 客室车门编号示意图

3.3 城市轨道交通车辆的组成和主要参数

3.3.1 教学目标

（1）知识目标：掌握城市轨道交通车辆的组成及主要功能，了解车辆主要参数。
（2）能力目标：会识别车辆组成部分。
（3）素质目标：培养认真细致严谨的工作作风。

3.3.2 工作任务

熟悉城市轨道交通车辆种类、基本组成和各部分的作用。

3.3.3 所需设备

城市轨道车辆的图片、模型。

3.3.4 相关配套知识

1. 城市轨道车辆组成

城市轨道车辆主要由车体、司机室、车门、转向架、车钩及缓冲装置、空调通风系统、制动系统、主电路系统、辅助系统、牵引制动控制系统、列车通信控制系统、乘客信息系统、照明系统等部分组成。

（1）车体。

车体是车辆的主体结构，是容纳乘客的地方，又是安装与连接其他设备和部件的基础。地铁车辆的车体一般采用了整体承载的模块化铝合金结构，机械紧固联结，在每个客室 A 型车设有 5 对（B 型车设有 4 对）对开式电动塞拉门供乘客出入，车窗采用全封闭式中空玻璃，车内还安装有座椅、扶手、乘客信息系统等各种乘客服务设施，以及紧急开门装置、紧急对讲、灭火器等安全设施。

车体分为有司机室车体和无司机室车体，一般由底架、端墙、侧墙及车顶等组成。车体的传统材料有碳钢、耐候钢或不锈钢等几种。随着科技的发展，现代城轨车辆采用高强度整体承载的铝合金轻金属结构，满足了车体强度的要求，极大地减轻了车体的自重，降低了车辆运行时的能耗。

车体的基本作用是：容纳乘客，安装与连接其他设备和部件，对于有司机室的车辆，车体还是司机驾驶列车的场所。

（2）司机室。

司机室是供司机驾驶的地方，安装在 A 车前端，为模块结构，主要由车钩托梁、前端结构、顶部结构和侧墙结构等组成，外罩玻璃钢罩板。司机室前端设有防爬装置，紧急疏散门、侧墙设有供司机上下的侧门、后墙设有通向客室的间隔门，司机室前窗为电热式车窗，可通电加热。当列车发生撞车时，防爬装置能分散碰撞力，减少车体损失。此外，司机室内还有许多电气设备，包括电线槽内部配件等，这些设备要在总装配之前安装完成并进行测试。

（3）车门。

按照安装位置不同，车门分驾驶室侧门、驾驶室疏散门和客室车门。驾驶室侧门一般采用折页门或手动塞拉门，驾驶室疏散门采用折页门。客室侧门是供乘客上下车的通道，是动作最频繁的设备之一，地铁客室侧门一般采用了对开外挂式电动塞拉门或双开内藏式拉门，每辆车有10个客室车门，左右侧对称布置，具有自动开关门功能，每个车门的动作由一个门控单元控制。

（4）转向架。

转向架是车辆的走行部，是支撑车体载荷并使牵引和引导车辆沿着轨道行驶，承受、传递和缓和来自车体及线路的各种载荷的装置，它是保证车辆运行品质和安全的关键部件。转向架分动力转向架和非动力转向架，转向架由H型构架、一系悬挂装置（金属橡胶弹簧）、二系悬挂装置（空气弹簧）、轮对装置、基础制动单元等组成，具有能根据负载情况对地板高度进行自动调整的功能，动力转向架还装有牵引电机和齿轮转动装置。在采用第三轨受流的线路上，转向架还安装有受电靴装置。转向架的主要作用是：承担车体及载客的重量；传递列车牵引力，保证列车顺利通过小半径曲线。

（5）车钩及缓冲装置。

城市轨道多辆编组，车辆之间设有牵引缓冲连接装置和贯通道装置。

车钩是联结车辆以及车辆之间的电路和气路，并传递列车运行的牵引力、制动力以及缓解车辆之间的冲击力的装置。车辆采用密接式车钩，包括全自动车钩、半自动车钩和半永久牵引杆三种。全自动车钩设置在列车端部，能够实现机械、电路、气路的自动连接与分离。半自动车钩设置在列车中部的两个车组之间，可以实现机械、气路的自动连接与分离，电路需要人工连接与分离。半永久牵引杆安装在列车车组内的车辆上，半永久牵引杆的机械、电路、气路均需要人工进行连接和分离。当一运行的列车以小于15 km/h的速度与另一静止的列车相撞时，车钩系统能够有效地吸收碰撞能量。

贯通道装置是使载客车辆之间连通，有效地调节各客室的乘客分布，也便于发生紧急情况时疏散乘客。

（6）制动系统。

制动系统是使车辆减速和停车的系统，是保证列车安全行车的重要系统之一。为保证运行中的列车能够按需要减速或在规定的距离内停车，在动车和拖车上均安装有制动系统。城轨车辆制动装置可分为摩擦制动（闸瓦制动和盘形制动）、电阻制动、再生制动和磁轨制动。如深圳地铁车辆制动系统由电制动和空气制动两部分组成，根据需要分别对列车施加电气制动、空气制动或电空混合制动，使运行中的列车减速或在规定的距离内停车。空气制动系统包括空压机单元、空气控制单元、空气干燥器、储风缸。

（7）空调系统。

空调装置是为了改善车厢内的空气质量所必要的通风和温度调节装置。车辆的每节车辆配有两台独立的车顶单元式空调机组，用于客室的通风和空气调节，每节车两台空调机组的运行由一个控制板进行控制。带司机室的A车配有独立的司机室通风机，可通过手动旋钮对风量做多级调节。正常情况下，由空调机组提供给每节车的总风量为 10 000 m³/h；在列车交流供电失效的情况下，提供客室和司机室紧急通风 45 min，紧急通风的通风量为 4 000 m³/h，全部为新风。

（8）主电路系统。

主电路系统是列车牵引动力和电制动力得以实现的有效载体，同时列车其他各系统的电源也均来自主电路系统。主电路系统通过安装在 B 车车顶的受电弓将接触网的 DC 1 500 V 引入 B 车底架下部的 PH 箱中，在 PH 箱中受高速断路器控制后，经牵引逆变器逆变送入牵引电机，并最终通过接地碳刷经由车体、转向架形成电流回路。

（9）辅助系统。

辅助系统直接通过受电弓从接触网获得 1 500 V 高压电并通过内部转化处理向列车提供 380 V 交流电和 110 V 低压直流电的供电系统，车辆上的辅助设施如空调、电气设备通风、空气压缩机等交流辅助负载，以及列车控制系统、客室车门控制和驱动、列车照明、乘客信息系统等直流辅助负载，都是由辅助供电系统供给电源的。

辅助供电系统主要由辅助逆变器、蓄电池充电机、蓄电池、ACM 线路电抗器、控制电器等部件组成。辅助逆变器将 DC 1 500 V 输入逆变成 AC 380 V 供给车辆交流负载，还有一路交流输出在转换成 DC 110 低压直流输出供给车辆直流负载。DC 110 V 输出还有一类是与辅助逆变器分开设置的，单独直接将 DC 1 500 V 输入转换成 DC 110 V 低压直流输出供给车辆直流负载。

（10）牵引制动控制系统。

列车牵引制动控制系统是指为实现列车牵引和制动控制相关功能而设计的有节点逻辑控制的电路系统，其采用的主要部件为继电器、行程开关、按钮开关、旋钮开关以及连接用的导线等；在该系统中，继电器是实现各项逻辑功能的主要部件，通过确定继电器的线圈得电吸合的条件以及其触头开关所关联的功能电路，可以实现具备一定逻辑的电路逻辑功能，以达到列车整体性牵引、制动控制的条件，并将该信息输入到列车通信控制系统，通过其内部的控制程序运算，最终来实现对列车的有效控制。

（11）列车通信控制系统。

列车通信控制系统（TCC）是将列车的各个子系统及相关外部控制电路的信息进行读取、编码、通信传递、数据逻辑运算及输出控制的一个计算机网络系统。该系统对列车的供电状况、速度、列车运行模式等状态信息进行实时监控和识别，并根据读取到的列车驾驶人员发出的指令信息，对列车上各个子系统发出相关控制指令，进而使各子系统产生相应的调整控制，以符合设定的功能要求，实现对列车的有效控制。

（12）乘客信息系统。

乘客信息系统的作用是向乘客提供列车运行信息、安全信息和其他公共信息等。乘客信息系统由列车有线广播系统和乘客信息显示系统两个部分组成，其中乘客信息显示系统又由列车综合图文显示系统）和车站地图闪光系统（安装在客室车门上方）组成。车站地图闪光系统显示器能够实时向乘客显示列车运行的线路、运行的方向、目的地站以及将要到达的下一站、当前停靠站、车门打开侧等信息。

（13）照明系统。

由于地铁车辆主要在隧道内的运行，所以车辆的照明非常重要，这不仅是列车安全运行的需要，也是乘客乘坐地铁的需要。列车照明系统分为车辆外部照明和车辆内部照明，外部照明包括（远、近）前照灯、尾灯和运行灯，车辆内部照明包括司机室照明和客室照明。

2. 主要技术参数

车辆技术参数一般可分为主要尺寸和性能参数两大类。

（1）车辆的主要尺寸。

① 车体的长、宽、高：车体的长、宽、高又有车体外部和车体内部之分，车体内部的长、宽、高必须满足旅客乘坐等需要，车体的外部长、宽、高要符合车辆限界的要求。

② 车辆最大宽度和最大高度。车辆最大宽度指车体最宽部分的尺寸；车辆最大高度指车辆顶部最高点距钢轨水平面的距离。例如深圳地铁一号线车辆最大宽度为 3 080 mm，最大高度 3 800 mm。

③ 车钩高：车钩高是指车钩中心线至轨面的高度。各车辆的车钩高度应基本一致，以确保正常传递牵引力及列车运行时不发生脱钩事故。目前，城市地铁车辆的车钩高度还没有统一的标准。例如，北京地铁车钩高为（660+10）mm，上海地铁和深圳地铁车钩高为 720 mm。

④ 地板面高度：地板面高度是指新造或修好的空车，从地板面距轨面的高度。地板面高度受到两方面的制约：一是车辆本身结构高度的限制；另一方面又与站台高度的标准有关。北京地铁为 1 100 mm，上海地铁为 1 300 mm，深圳地铁为 1 130 mm。

⑤ 车辆定距：车辆定距是指支承车体的前后两转向架中心间的距离。

⑥ 转向架固定轴距：指同一转向架最前位轮轴和最后位轮轴中心线间的距离。

⑦ 车辆全长：指车辆前、后车钩连挂中心线之间的距离。

（2）车辆性能参数。

① 自重、载重：自重为车辆本身的全部质量；载重为车辆允许的正常最大装载质量。

② 构造速度：构造速度是指车辆设计时所允许的车辆最高行驶速度。它决定于线路轨道以及车辆的结构强度、运行品质、制动性能等，车辆实际最大运行速度不能超过构造速度。

③ 轴重：指车辆总质量（自重+载重）与全车轴数之比。轴重受线路、桥梁和行车速度等的限制。

④ 每延米轨道载重：指车辆总质量与车辆全长之比。其值不允许超过线路和桥梁所允许的数值。

⑤ 坐席数及每平方米地板面积站立人数。

⑥ 通过最小曲线半径。

项目小结

城市轨道车辆是城市轨道交通运输的重要设备，主要指地铁车辆、轻轨车辆和独轨车辆。现代城市轨道车辆以铝合金和不锈钢为基础结构材料的轻型车体，稳定性和可靠性高的轻型转向架，以直流/交流三相异步电动机为主传动，现代微电子技术被广泛应用于控制、诊断和显示系统。在材料轻量化、智能通信和自动控制应用在很多现代化技术的当下，除了具有先进性、可靠性和实用性外，还能满足容量大、安全、快速、舒适、美观和节能等方面的要求。城市轨道车辆有动车和拖车、带司机室和不带司机室等多种形式。目前我国城市轨道交通不同的线路建设时期不同，采用的车辆的生产企业不同，车辆的类型、结构、编组编号方法也不统一。

 复习思考题

1. 现代城市轨道车辆的特点有哪些？
2. 城市轨道车辆如何分类？
3. 城市轨道交通车辆的主要技术参数有哪些？
4. 城市轨道车辆主要有哪些组成部分？

项目四　城市轨道交通通信信号系统

项目描述

城市轨道交通列车运行安全设备包括信号、联锁、闭塞、通信设备，通过本项目的学习，使学习者对信号通信设备有较全面的了解。本项目设两个典型工作任务，4.1分析了城市轨道交通信号基础设备的工作原理及作用，联锁设备、闭塞设备以及列车自动控制系统的基本知识，4.2分析了传输系统、有线电话系统、无线集群调度系统、广播系统、闭路电视系统等城市轨道交通通信系统的功能及构成。

4.1　城市轨道交通信号系统

4.1.1　教学目标

1. 能力目标

具备简单继电电路的分析能力，能正确识别各种信号机及符号；能正确使用转辙机转换道岔；能简单分析轨道电路的工作原理；掌握联锁、闭塞以及列车自动控制系统的基本内容。

2. 知识目标

掌握继电器的基本原理、作用；了解信号机的分类和设置，掌握各种信号的显示及显示意义；了解转辙机的作用、分类；了解轨道电路的分类、基本原理及特点。掌握联锁设备、闭塞设备以及列车自动控制系统的基本内容。

3. 素质目标

培养遵章守纪、实事求是、认真负责的工作作风和"安全第一、预防为主"的工作理念；培养学习不同设备的使用方法，做到触类旁通；进行设备资料的收集和归纳整理工作。车务班组内部协作及与信号、司乘人员协作应急处理设备故障的能力；与信号工作人员简单明了的沟通，拥有准确表述设备的使用情况以及故障现象识别的能力，清楚明白把握设备性能好坏将对轨道交通运输生产安全产生怎样的影响。

4.1.2　工作任务

通过本任务，掌握继电器识别、简单继电电路分析；信号机的识别、信号机图形符号识别、信号机的显示意义；使用转辙机转换道岔；简单画一个轨道电路原理图，轨道电路工作状态分析；在车站联锁系统上实现操作；总结固定闭塞系统、准移动闭塞系统、移动闭塞系统的特点；能正确运用 ATC 系统设备，完成简单的行车指挥和运行调整，实现对权限列车运行的自动管理和监控。

4.1.3 所需设备

继电器电路挂图；透镜式色灯信号机与透镜式 LED 信号机；ZD6 电动转辙机；轨道电路挂图；车站联锁系统设备一套；固定闭塞系统设备一套，准移动闭塞系统设备一套；移动闭塞系统设备一套；列车自动控制系统 ATC 一套或 ATC 模拟系统一套。

4.1.4 相关配套知识

4.1.4.1 城市轨道交通信号设备

城市轨道交通信号设备主要包括继电器、信号机、转辙机、轨道电路等。它们是城市轨道交通信号系统的重要基础设备，它们的运用质量和可靠性，是信号系统正常运行和充分发挥效能的保证。

1. 继电器

继电器是自动控制系统中常用的电器，它用于接通和断开电路，以发布控制命令和反映设备状态，构成自动控制电路。继电器是信号技术中的重要部件，在城市轨道交通信号技术中被广泛采用。继电器动作的可靠性将直接影响到信号系统的可靠性和安全性。

（1）继电器的基本原理。

当继电器线圈中通入一定数值的电流后，由于电磁作用或利用感应方法产生电磁吸引力，吸引衔铁，由衔铁带动接点系统，改变其状态、从而反映输入电流的状况。继电器最基本的工作原理为：

线圈通电→产生磁通（衔铁、铁心）→产生吸引力→克服衔铁阻力→衔铁吸向铁心→衔铁带动动接点动作→前接点闭合、后接点断开。如图 4-1 所示，继电器励磁，接通绿灯电路。

电流减少→吸引力下降→衔铁依靠重力落下→动接点与前接点断开，后接点闭合。如图 4-2 所示，继电器落下励磁，接通红灯电路。

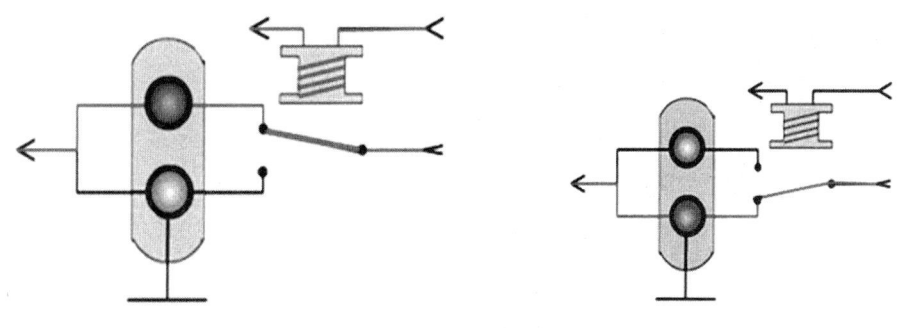

图 4-1　工作原理图一　　　　图 4-2　工作原理图二

（2）继电器的作用。

① 扩大控制范围：一个继电器能够控制多个对象和多个电回路。

② 放大：继电器用一个很微小的控制量，可以控制大功率的电路。

③ 逻辑控制与综合信号：可以把多个继电器的节点进行串、并联，实现需要的"与或非"逻辑，组成程序控制线路，实现自动控制；也可以把多个控制信号按规定的形式输入多绕组继电器，经过综合比较，达到预定的控制效果。

④ 故障导向安全作用：如利用安全型信号继电器电路工作的非对称型，设计继电器励磁对应危险侧状态，继电器落下对应安全侧状态，由于电路故障时使继电器落下的概率远大于继电器吸起的机会，即发生安全侧故障的可能性远远大于发生危险侧故障的可能性，符合城市轨道交通信号"故障-安全原则"。

在城市轨道交通的联锁信号控制系统、闭塞信号控制系统、ATC 列车运行控制系统中得到大量使用，它使各系统主机与信号机、轨道电路、转辙机等执行部件结合起来，完成联锁、闭塞和进路的自动控制。

2. 信号机

（1）信号机概述。

信号机是用来指示列车和调车车列运行的现场设备，它直接向司机发出行车指令。城市轨道交通列车自动控制（ATC）系统实现了行车指挥和列车运行自动化，由 ATP 子系统负责列车运行过程中的安全，由 ATO 控制列车的运行，实施列车的牵引与制动，闭塞也由列车运行自动完成。因此车站一般不设进、出站信号机，区间不设通过信号机。只在车辆段和车站岔站位置设信号机。在行车间隔较大采用自动闭塞作为过渡方式的线路设区间通过信号机。在正向出站方向的站台侧列车停车位置前方适当地点设置发车指示器替换出站信号机。另外在城市轨道交通中，列车的运行速度不取决于信号显示，即信号为非速差信号。如允许信号的绿灯、黄灯并不表示列车的运行速度，而是代表列车的运行进路是走道岔直股还是弯股。城市轨道交通采用色灯信号机（见图 4-3）。

（a）信号机正面　　　　　　　　　　（b）信号机侧面

图 4-3　信号机

（2）信号机的分类。

① 按用途可以分为进路防护信号机、出段（场）信号机、进段（场）信号机、阻挡信号机、调车信号机五种。其中进路防护信号机一般设于正线上有道岔的地方，其作用是防护正线上的道岔；出段（场）信号机设于车辆段（停车场）的出口处，其作用是用来防护正线，指示列车从车辆段出发进入正线；进段（场）信号机设于车辆段（停车场）的入口处，其作用是用来防护正线车辆段（停车场）的安全；阻挡信号机一般设于终点站，其作用是阻挡列车；调车信号机防护车辆段（停车场）调车作业的安全。

另外根据需要设进站、出站信号机、进站信号机的预告信号机以及区间通过信号机。进站信号机防护车站安全，出站信号机防护区间安全，预告信号机预告进站信号机的状态，区间通过信号机防护闭塞分区的安全。

② 按照显示光源可分为：透镜式色灯信号机和透镜式 LED 信号机。

a. 透镜式色灯信号机。

透镜式色灯信号机有高柱和矮型两种类型。高柱透镜式色灯信号机（见图 4-4），矮型透镜式色灯信号机（见图 4-5）。透镜式色灯信号机的机构分单灯位一显示机构、双灯位二显示机构、三灯位三显示机构。

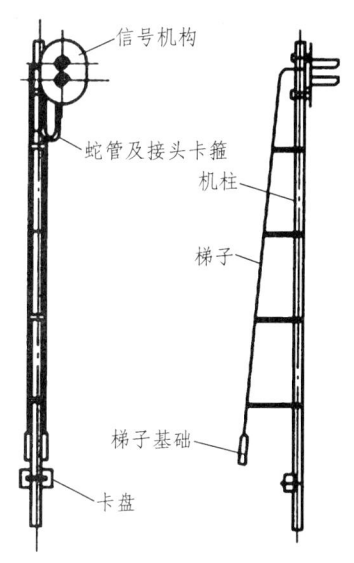

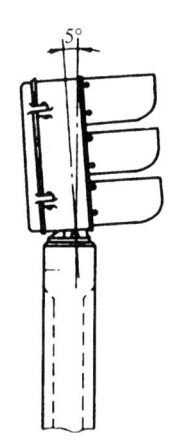

图 4-4　高柱透镜式色灯信号机　　　　图 4-5　矮型透镜式色灯信号机

b. 透镜式 LED 信号机。

透镜式 LED 信号机分高柱、矮型和地铁型三种类型。LED 发光二极管信号机采用组合式结构，可以根据需要任意组装成一显示（见图 4-6）、二显示（见图 4-7）、三显示等机构（见图 4-8）。

（3）信号机的设置。

① 由于城市轨道交通是右侧行车制，所以信号机一般设于正常运行方向的运行线路的右侧，但在不至于被误认为是邻线的信号机的情况下，为了提高信号显示距离，也可以设于线路的左侧。

图 4-6 三显示　　　　图 4-7 二显示　　　　图 4-8 单显示

② 信号机一般设于 S 棒前方 5 m 处，这是由于 S 棒的外部分路点在 S 棒外侧 1.5 m 处，加上 0.5 个 S 棒的长度 3.5 m 正好是 5 m，目的是为了在列车进入信号机之前防止信号机由于信号机内方轨道区段占用而被关闭。

（4）信号机命名与信号机显示距离。

① 信号机命名。

正线上的防护信号机、阻挡信号机冠以"X""S""F""Z"等，其下缀编号方法：下行方向编为单号，上行方向编为双号，从站外向站内顺序编号。

车辆段的进段信号机冠以"JD"，下缀编号方法：下行方向编为单号，上行方向编为双号，从段外向段内顺序编号。列车阻挡信号机和调车信号机冠以"D"，下缀编号方法：下行咽喉编为单号，上行咽喉编为双号，从段内向段外顺序编号。

② 信号机显示距离。

各种地面信号机及表示器的显示距离应符合下列规定：

a. 行车信号和道岔防护信号应不小于 400 m。

b. 调车信号和道岔状态表示器应不小于 200 m。

c. 引导和道岔状态表示器以外的各种表示器应不小于 100 m。

（5）信号机的灯光配列与信号显示意义。

① 信号机的灯光配列。

a. 防护信号机：防护信号机采用三显示机构，自上而下灯位为黄（或月白）、绿、红。若设正线出站信号机，其灯光配列同防护信号机。

b. 阻挡信号机：阻挡信号机采用单显示机构，为一个红灯。

c. 进段（场）信号机：进段信号机灯光配列可同防护信号机，亦可采用双机构（两个二显示）带引导机构，自上而下灯位为黄、绿、红、黄、月白。

d. 出段（场）信号机：出段（场）信号机采用三显示机构，红、绿，带调车白灯。

e. 调车信号机：调车信号机采用二显示机构，自上而下灯位为白、蓝（或红）。

f. 通过信号机：若采用自动闭塞，其通过信号机为三显示机构，自上而下灯位为黄、绿、红。

② 信号显示意义。

a. 红灯：禁止列车越过该信号机。ATP 速度命令为零。

b. 黄灯：允许列车越过该信号机，按 ATP 速度命令运行，进路上至少有一组道岔开通侧向位置。

c. 绿灯：允许列车越过该信号机，按 ATP 速度命令运行，进路上所有道岔都开通直向位置。

d. 红灯+黄灯：引导信号，允许列车以 RM（限制式人工驾驶模式）或者 URM（非限制式人工驾驶模式）越过该信号机。

（6）进路表示器与进路表示控制器。

进路表示器分为灯丝点灯和 LED 点灯两种，以 LED 点灯为例。

① 进路表示器。

进路表示器分车辆段和正线进路表示器两种。正线进路表示器是用于正线指示车辆进路方向（见图 4-9），显示的字符内容和代表的含义分别是：字符"DP"代表前往车辆段，字符"SGS"代表前往停车线。车辆段 LED 进路指示器用于表示车辆进路通道编号，主要由两个部分组成，显示部分和点灯模块（见图 4-10）

图 4-9　正线进路表示器

图 4-10　车辆段 LED 进路指示器显示部分

② 进路表示控制器。

LED 进路表示控制器（见图 4-11），主要用于控制列车进路方向和位置的显示，控制器和室外的进路指示器组成进路控制系统。

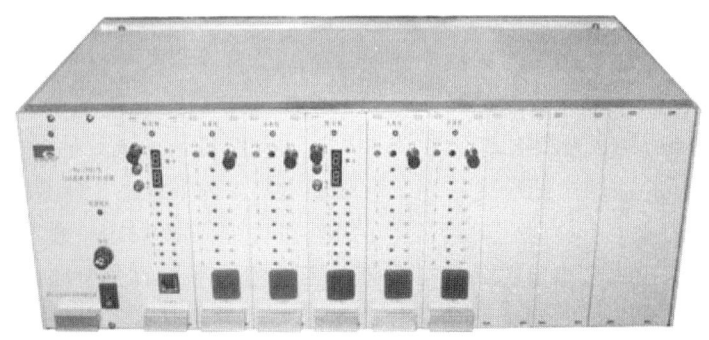

图 4-11　LED 进路表示控制器

3. 转辙机

道岔的转换和锁闭直接关系到行车安全。由各类动力转辙机转换和锁闭道岔组成，易于集中操纵、实现自动化。转辙机是重要的信号基础设备，它对保证行车安全、提高运输效率、改善行车人员的劳动强度，起着非常重要的作用。

（1）转辙机概述。

转辙机（switch machine）是道岔控制系统的执行机构。用于转换锁闭道岔尖轨或心轨，表示监督联锁区内道岔尖轨或心轨的位置和状态。

① 转辙机的作用。

a. 转换道岔的位置，根据需要转换至定位或反位。

b. 道岔转换到所需的位置并密贴后，实现锁闭，防止外力转换道岔。

c. 正确反映道岔的实际位置，道岔尖轨密贴于基本轨后，给出相应的表示。

d. 道岔被挤或因故处于"四开"位置时，及时给出报警和表示。

② 对转辙机的基本要求。

a. 作为转换器，应有足够的拉力，以带动尖轨作直线往返运动；当尖轨受阻不能运动到底时，应随时通过操纵使尖轨回复原位。

b. 作为锁闭器，当道岔尖轨或心轨转换到一个极限位置时，对尖轨或心轨实施锁闭，不应因外力解除该锁闭；因故转换不到极限位置时，不应实施锁闭。

c. 作为监督装置，应正确反映道岔的状态。

d. 道岔被挤后，在未修复之前不应再使道岔转换。

③ 转辙机的设置。

城市轨道交通信号通常采用7号和9号道岔，7号通常一组道岔只需设一台转辙机牵引，称单机牵引；9号道岔尖轨加长且有弹性，需两台转辙机牵引，称双机牵引。

4. 轨道电路

轨道电路是利用钢轨线路和钢轨绝缘构成的电路，它用来监督线路的占用情况以及将列车运行与信号显示等联系起来，即通过轨道电路向列车传递行车信息。轨道电路是城市轨道交通信号重要的基础设备，它的性能直接影响行车安全与运输效率。

轨道电路、信号机、转辙机是城市轨道交通信号三大基础设备。随着列车对数的增加和运行速度的提高，在准确反映列车空闲与占用轨道线路状态，防止发生列车追尾、迎面冲突等事故方面，轨道电路发挥着重要作用。

（1）轨道电路的基本原理。

轨道电路以线路的两根钢轨作为导体，两端设置绝缘节（或其他电气绝缘设备），接上送电和受电设备后构成的电路。送电端设有限流电阻RX，保护电源不致因过负荷而损坏，同时保证列车占用轨道电路时，轨道继电器能可靠落下。接收端一般设有继电器，称为轨道继电器，由它来接收轨道电路的信号电流。正常情况下，轨道电路内钢轨完整，且没有列车占用时，电流会从电源经由轨道流经轨道继电器，使其处于励磁状态，表示轨道电路空闲（见图4-12）所示。当列车进入轨道区段时，轨道电路被列车轮对分路，轮对的分路电阻远小于轨道继电器线圈电阻，所以流经轨道继电器的电流大大减小，导致轨道继电器失磁落下，表示轨道电路被占用（见图 4-13）所示。

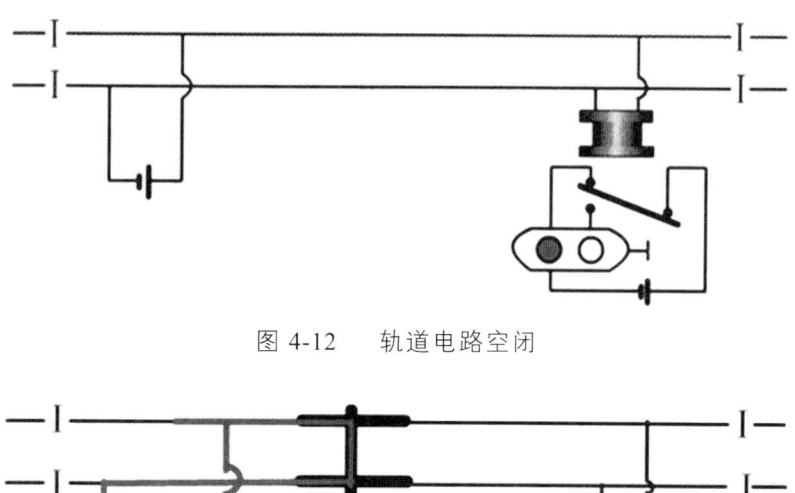

图 4-12　轨道电路空闭

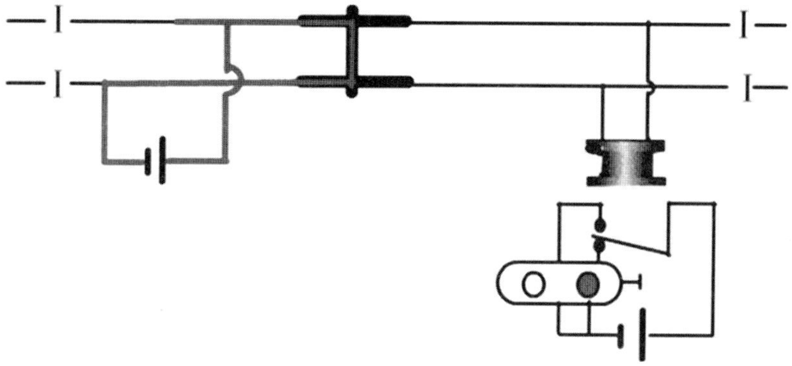

图 4-13　轨道电路被占用

（2）轨道电路的作用。

① 轨道电路的第一个作用，是检测列车是否占用。利用轨道电路监督、检测列车在区间或在站内哪一个轨道区段，是最常用的方法。由轨道电路反映轨道区段是否空闲，为建立进路、开放信号、构成闭塞提供依据，还利用轨道电路的占用，关闭信号，从而把信号显示与轨道区段是否被占用结合起来。

② 轨道电路的第二个作用是向列车传递行车信息。例如移频自动闭塞利用轨道电路中传递的不同的频率，来反映先行列车的位置，以决定各个闭塞分区通过信号机的显示，为列车提供行车命令。在城市轨道交通的列车运行自动控制系统中，各个轨道区段的轨道电路，还负责向列车传递该列车离开轨道区段时的出口速度（即：目标速度），或列车运行时的目标距离；甚至于可以向列车传递"调度命令"以及列车运行的"进路地图"。所以城市轨道交通轨道电路起着控制、指挥列车自动运行的重要作用，列车根据所接收的速度等信息，自动控制列车的运行速度，并进行超速防护。轨道电路在列车运行自动控制系统中属于列车自动防护（ATP）子系统，它能否可靠工作将直接影响列车运行的安全。

③ 检查和监督轨道上的钢轨是否完好，当某一轨道电路区段的钢轨折断时轨道继电器也将因无电而释放衔铁，防护这一段股道的信号机也就不能开放。

4.1.4.2　城市轨道交通联锁设备

联锁设备是城市轨道交通信号系统中保证车站内作业安全、提高效率的重要设备，它将控制对象信号机、道岔、进路进行逻辑电路连接,并进行集中控制与监督,符合故障-安全原则。

1. 车站联锁的基本内容

进路是由道岔的位置所决定的,在进路的入口处设有信号机进行防护。所谓建立进路,就是把进路上的道岔扳到进路所要求的位置上,然后再将该进路的防护信号机开放。若道岔位置不对,则不准信号机开放。但一旦信号机开放后就不准许进路上的道岔再变换位置,直至信号机关闭,列车或车列越过道岔为止。

一条进路可以走下行列车,也可以走上行列车,它们分别由上、下行两架信号机防护。在开放上行信号机以前,下行信号机必须在关闭状态。一旦上行信号机开放,就要防止下行信号机再开放,直至上行列车通过进路,进路解锁为止。所以,为了保证行车安全,在进路、道岔和信号机之间存在"互相制约"的关系,我们把这种互相制约关系叫"联锁"关系。

所谓联锁,必然存在于两个对象之间,例如上面所说的道岔和信号机之间有联锁,上行信号机与下行信号机之间有联锁等。联锁既然存在于两个对象之间,且又是相互制约的,所以在一般情况下是互锁的。如道岔不扳在规定位置,把信号机锁在关闭状态,而一旦信号机开放,信号机又把道岔锁在规定位置。

2. 车站计算机联锁系统的基本组成

计算机联锁系统是计算机技术发展与铁路信号自动控制相结合的必然产物。车站计算机联锁系统是以计算机作为主要技术手段实现的对车站联锁控制、监督和维护的实时控制系统。

20 世纪 70 年代,随着计算机技术的快速发展,世界发达国家以计算机软、硬为基础竞相研究开发新的车站联锁系统,1978 年瑞典首先在歌德堡开通了世界第一个计算机联锁车站信号系统。我国计算机联锁的研制开始于改革开放后的 80 年代。近三十年来,以中国铁道科学研究院、全路通信信号总公司、北京交通大学、卡斯柯信号有限公司为龙头的四家单位及兰州交通大学、北京和利时等多家单位和企业竞相开展计算机联锁研究,提供了TYJL-Ⅱ 型、TYJL-TR9 型、TYJL-Ⅲ 型、DS6-11 型、DS6-31 型、DS6-K5B 型、DS6-20 型、JD-1A 型、JD-EI32 型、VPI 型、ILOCK 型等二十多个车站计算机联锁系统产品;这些产品在国内铁路干线被广泛推广使用,取得了良好的经济效益和社会效益。

4.1.4.3 城市轨道交通闭塞设备

1. 闭塞简介

闭塞是轨道交通行车组织必须面对而又非常重要的问题。它的作用在于保证列车在区间的行车安全,并且提高区间通过能力。

(1)闭塞基本概念。

列车在区间运行时,用信号或凭证保证列车按照一定间隔运行的技术方法称为行车闭塞法,简称闭塞。用来完成闭塞作用的设备称为闭塞设备。

（2）闭塞方法。

闭塞方式有时间间隔法与空间间隔法之分。时间间隔法是最原始的行车组织方法。目前，时间间隔法只有在非常时期才被允许采用，比如一切技术设备因故停用，一切通信手段都已失灵，而又必须开行列车的情况下才能使用。如今采用的闭塞方法都属于空间间隔法。

2．闭塞的种类

按照闭塞实现的方式，城市轨道交通系统的闭塞可分为电话闭塞、半自动闭塞和自动闭塞（固定闭塞和移动闭塞）三种。

（1）电话闭塞。

电话闭塞是利用车站的闭塞电话办理行车联络手续的行车组织方式。电话闭塞一般是在常规闭塞手段因故停用，为保证列车继续安全运行而采用的方式。

在自动闭塞与半自动闭塞条件下，列车占用区间的行车凭证是允许信号凭证。而电话闭塞时，列车占用区间的行车凭证则为路票。路票属于实物凭证，由车站值班员开出并交予列车司机，司机只有拿到路票后才可能开车。

（2）半自动闭塞。

半自动闭塞目前在部分单线铁路还有采用，但在城市轨道交通中一般都不使用。

（3）自动闭塞。

自动闭塞是利用列车运行自动完成行车闭塞手续的一种闭塞方式，城市轨道交通中基本都采用自动闭塞。自动闭塞因区间被分成若干闭塞分区，列车的闭塞空间为闭塞分区，因而列车可在区间实现追踪运行，从而大大提高区间通过能力。自动闭塞因设备制式不同，分为很多种类。光是城市轨道交通的自动闭塞，就有固定自动闭塞、准移动自动闭塞和移动自动闭塞之分。

① 自动闭塞的基本设备与工作原理。

自动闭塞的基本设备包括轨道电路、通过信号机、信号发送装置、信号接收装置等。三显示自动闭塞的基本工作原理如图 4-14 所示的自动闭塞示意图所示。

在列车进入某一闭塞分区后，列车对轨道电路进行短路，使得该闭塞分区的信号接收装置接收到红灯信息，从而控制防护该闭塞分区的通过信号机显示红灯，同时向后一闭塞分区的信号发送装置传递红灯信息，使后一闭塞分区的信号发送装置向自己的轨道电路发送黄灯信息电流，后一闭塞分区的信号接收装置在接收到黄灯信息后，控制相应的通过信号机显示黄灯，同时再向后面的信号接收装置传递黄灯信息，使其向自己的轨道电路发送绿灯信息电流，从而控制相应的通过信号机显示绿灯。

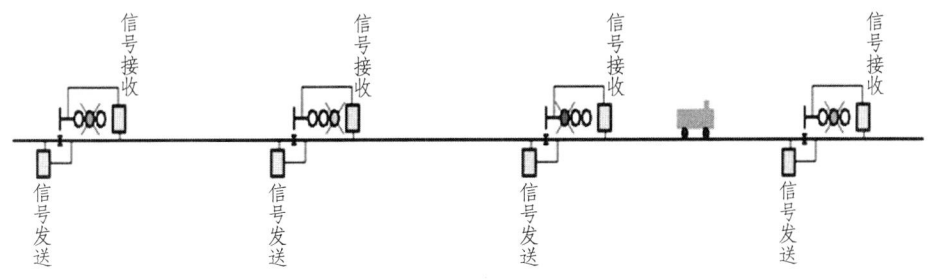

图 4-14 自动闭塞示意图

② 自动闭塞的分类。

a. 固定闭塞。

● 固定闭塞的定义。

以轨道电路建立闭塞分区作为列车运行的安全闭塞空间,列车的信息通过轨道电路传输的闭塞方式为固定闭塞。

● 固定闭塞的列车定位。

固定闭塞为传统的闭塞方式,它的前行列车位置是以列车占用的闭塞分区来确定的,其定位目标为列车占用的闭塞分区始端绝缘轨旁应答器或者防护该闭塞分区的通过信号机。追踪列车的位置是以前行列车所占闭塞分区的轨旁应答器或者防护该闭塞分区的通过信号机为预定停车位,在通过轨道电路测出追踪列车距前行列车占用的闭塞分区绝缘轨旁应答器或者防护前行列车占用的闭塞分区通过信号机来确定(见图4-15的固定闭塞列车定位所示)。

预定停车位是追踪列车根据安全紧急制动所需距离和前行列车的当前位置,为避免前行列车因故意外停车发生追尾而制定的安全停车目标。预定停车位随前行列车的正常运行而发生变化。

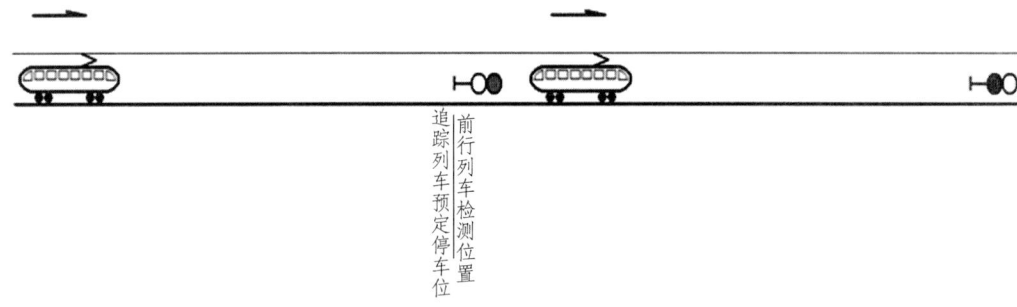

图 4-15 固定闭塞列车定位图 1

● 固定闭塞的制动模式。

由于固定闭塞对前行列车定位的不准确,为了避免列车追尾,追踪列车通常采用阶梯分级制动模式来控制列车运行(见图(阶梯型制动模式)4-16)。阶梯分级制动模式的列车,在减速制动过程中速度变化较大,会给乘客带来一定的不舒适感。

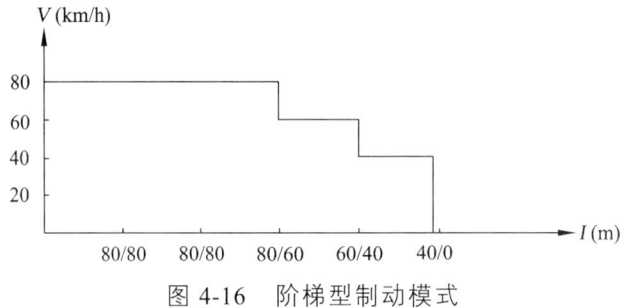

图 4-16 阶梯型制动模式

● 固定闭塞存在的问题。

固定闭塞除了对前行列车的实际定位很不准确以外,还会对追踪列车的运行的能量造成不必要的损失。如图 4-17 所示在固定闭塞列车定位图中，追踪列车应该减速准备停车，可在如图 4-18 所示的固定闭塞列车定位图中，追踪列车刚减速不久，前行列车就会走出刚才所占用的闭塞分区，使得追踪列车的预定停车位发生很大的变化，此时追踪列车就会因预定停车位的变化而提速运行，这样就造成了追踪列车能量不必要的损失。

固定闭塞另外还存着在需要大量的轨旁设备及设备维护工作量较大等缺点，现在的城市轨道交通中很少采用。

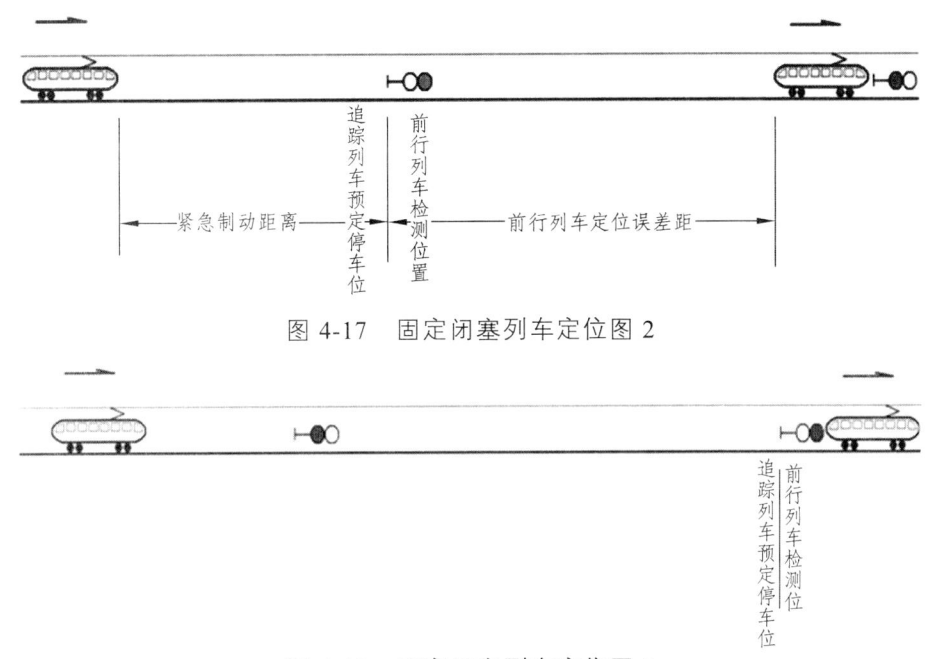

图 4-17　固定闭塞列车定位图 2

图 4-18　固定闭塞列车定位图 3

b. 准移动闭塞系统。

● 准移动闭塞的定义。

以轨间电缆（见图 4-19 的轨间电缆布置示意图）建立闭塞分区作为列车运行的安全闭塞空间，列车的信息通过轨间电缆传输的闭塞方式为准移动闭塞。准移动闭塞是目前城市轨道交通比较常用的闭塞方式。

● 准移动闭塞的列车定位。

轨间电缆为了抗牵引电流的干扰以及实现列车定位，每隔一定距离（如每隔 25 m）作一个交叉。它的前行列车与追踪列车的定位都以轨间电缆所建立的闭塞分区和轨间电缆交叉来确定。系统将每个轨间电缆的电缆环路建立独立的闭塞分区地址码，将电缆交叉建立起独立详细地址码。通过车载设备与轨间电缆的信息交换，ATC 系统可根据闭塞分区地址码和电缆交叉详细地址码了解列车当前位置与列车速度等信息，从而实现对前行列车和追踪列车的位置确定。

如图 4-20 所示的轨间电缆列车定位示意图，追踪列车根据从轨间电缆所接收到的前行列车所占用的闭塞分区地址码和电缆交叉详细地址码了解到前行列车所在位置，根据从轨间电缆所接收到的自己所占用的闭塞分区地址码和电缆交叉详细地址码了解到自身所在位置。追踪列车运行的预定停车位根据前行列车的运行情况，每 25 m 修订一次（如轨间电缆每隔 25 m 作一个交叉)。

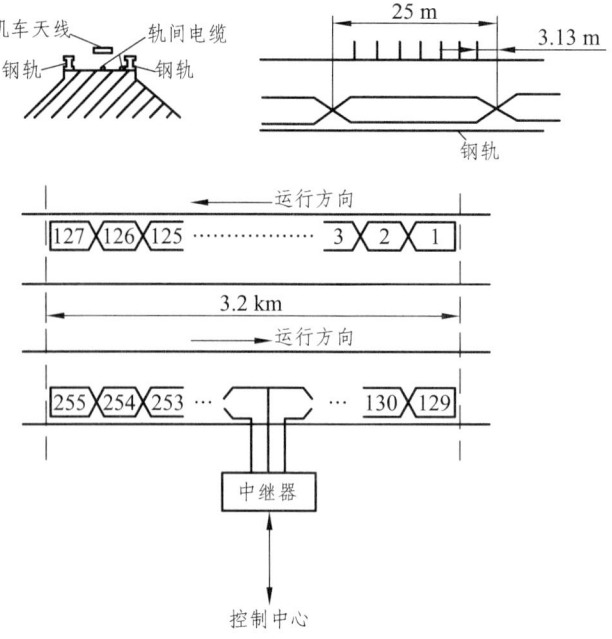

图 4-19 轨间电缆布置示意图

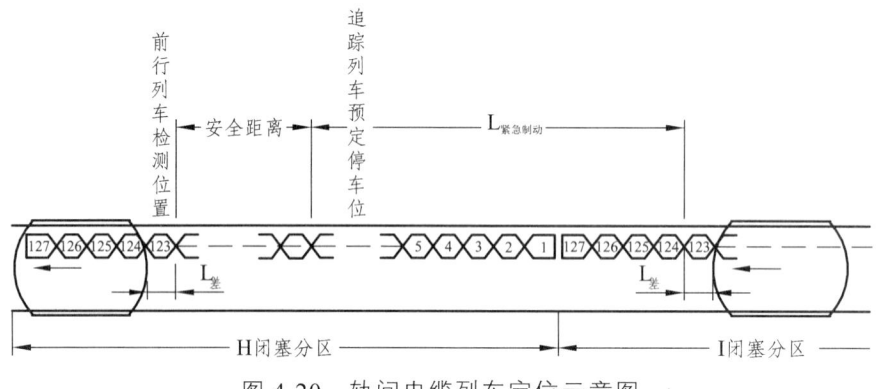

图 4-20 轨间电缆列车定位示意图

- 准移动闭塞的制动模式。

准移动闭塞的列车定位比较准确,为了改善列车在制动过程的乘客舒适度,准移动闭塞制动通常采用曲线型分级制动模式(见图 4-21)。

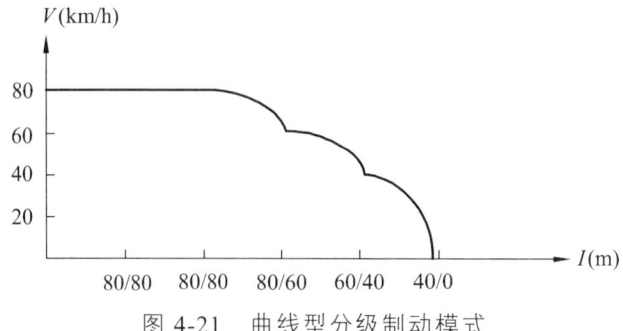

图 4-21 曲线型分级制动模式

● 准移动闭塞存在的问题。

准移动闭塞是通过轨间电缆传输信息并确定列车位置的。然而，轨间电缆的铺设成本与维修维护成本比较高，且存在线路养护不便的问题。

c．移动闭塞基本原理。

● 移动闭塞的定义。

利用无线通信手段传输列车信息，并确定列车位置的闭塞方式为移动闭塞。其典型无线电移动闭塞系统结构如图4-22所示的典型无线电移动闭塞系统结构图。

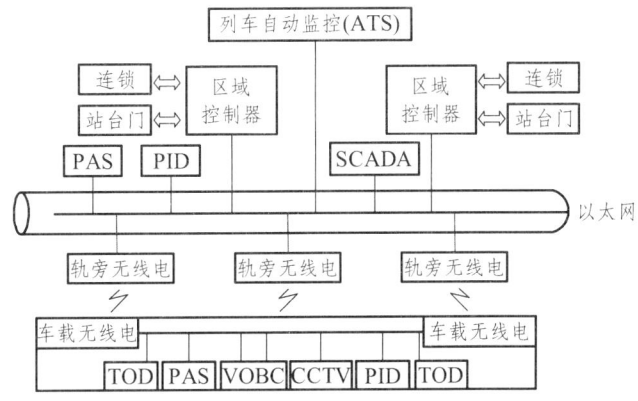

图4-22 典型无线电移动闭塞系统结构如图

CCTV—闭路电视；PSA—乘客广播系统；PID—乘客导向系统；
SCADA—电力监控系统；TOD—司机显示；VOBC—车载控制器

区域控制器（即区域的本地计算机）与联锁区一一对应，通过数据通信系统保持与控制区域内所有列车的安全信息通信。区域控制器根据来自列车的位置报告，跟踪列车并对区域内列车发布移动授权，实施联锁。

ATS实现与所有列车运行控制子系统的通信，用于传输命令及监督子系统状况。

车载控制器与列车一一对应，实现ATP和ATO的功能。车载应答器、查询器和天线与地面的应答器进行列车定位。测速发电机用于测速和对列车定位进行校正。

司机显示提供司机与车载控制器及ATS的接口，显示的信息包括最大允许速度、当前测定速度、到站距离、列车运行模式及系统出错信息等。

● 移动闭塞的列车定位。

通过区域控制器接收来自区域内列车的位置报告，并确定前行列车与追踪列车间的追踪距离，追踪列车根据前后列车间距、线路情况、前后列车速度等信息，明确列车预定停车位，从而控制追踪列车运行。追踪列车运行的预定停车位根据前行列车的运行情况实时变化（见图4-23的移动闭塞列车定位示意图）。

● 移动闭塞的制动模式。

移动闭塞的列车定位很准确，为了使列车在制动过程中的乘客没有不适感，移动闭塞制动通常采用一级曲线制动模式（见图4-24的一级曲线制动模式图）。

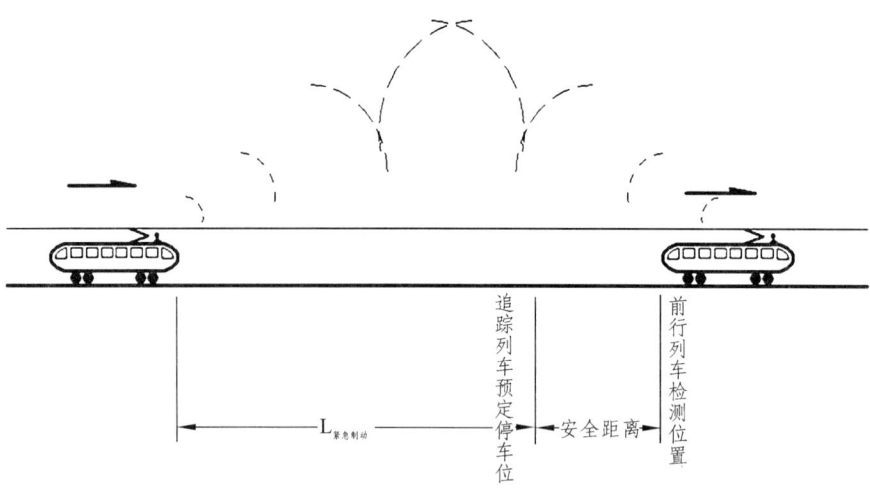

图 4-23　移动闭塞列车定位示意图

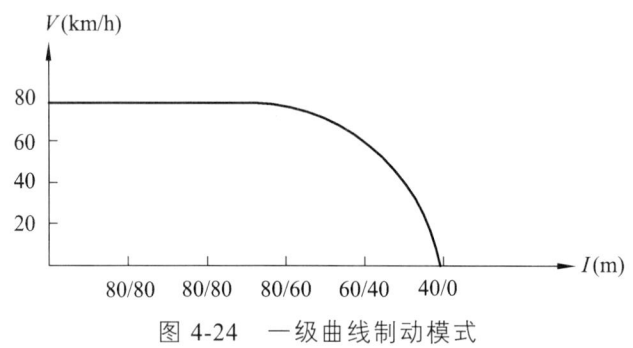

图 4-24　一级曲线制动模式

4.1.4.4　列车自动控制系统

在城市轨道交通系统中,信号系统是一个集行车指挥和列车运行控制为一体的非常重要的机电系统,它直接关系到城市轨道交通系统的运营安全、运营效率以及服务质量。它保证乘客和列车的安全,实现列车快速、高密度、有序运行的功能。

地铁信号系统的核心是列车自动控制(Automatic Train Control,简称 ATC)系统,ATC系统包括三个子系统:列车自动监控系统(Automatic Train Supervision,简称 ATS)、列车自动防护子系统(Automatic Train Protection,简称 ATP)列车自动运行系统(Automatic Train Operation,简称 ATO)。

ATP 负责全部的列车运行防护,也就是对那些同安全有关的子系统进行监控,如轨道占用状态监督、列车追踪运行、列车超速保护等,其设备包括轨旁和车载两个部分;ATO 负责列车的全部牵引和对制动的自动控制,ATO 只有车载设备;ATS 负责列车全部的运行监督和管理,包括中央和各站设备。

三个子系统之间相互渗透,通过信息交换网络构成闭环系统,实现地面控制与车上控制结合、现地控制与中央控制结合,构成一个以安全设备为基础,集行车指挥、运行调整以及列车驾驶自动化等功能为一体的列车自动控制系统。它是现代城市轨道交通核心控制技术之一。

4.2 城市轨道交通通信系统

4.2.1 教学目标

1. 能力目标

能正确操作使用各种通信设备；能够对各种通信设备完成日常保养，发现各种通信设备故障时能做出处理。

2. 知识目标

掌握传输网络的基本组成部件，了解网络的拓扑结构及传输通道的设置；了解电话系统，无线集群调度系统的构成及设备组成；掌握系统的功能及运用；掌握系统的工作方式和操作使用说明；了解闭路电视系统和广播系统的构成、设备的组成；掌握闭路电视系统和广播系统的组成和运行管理。

3. 素质目标

培养爱岗敬业的精神；培养与其他站、段、通信机房之间团队协作、组织协调能力；培养高度负责的责任心与良好的职业道德；同时能对通信相关终端设备突发故障进行分析、及时上报、协助维修人员进行修复；并上报相关部门保证设备故障期间的行车正常、安全进行；确保行车和设备的安全。

4.2.2 工作任务

画传输网络的四种物理拓扑结构图，描述传输四个基本组成部件的作用；公用电话的操作和使用，调度电话的操作和使用，站内和轨旁电话的操作和使用，电话工作故障的处理；集群调度系统的操作和使用，集群调度系统的工作故障现象确认与应急处理；各类广播设备的操作使用及其日常保养；通过闭路电视在运营监控中心，监视全网所有线路或车站的情况；在线路控制中心监视全线各车站情况；在车站值班室监视本车站的情况。

4.2.3 所需配备

开放式通信传输系统设备一套或通道传输模拟系统一套；有线电话系统一套；无线集群调度系统一套；广播系统设备一套；闭路电视系统设备一套。

4.2.4 相关配套知识

4.2.4.1 传输系统

1. 传输系统的作用

为满足城市轨道交通通信各子系统和信号、电力监控（SCADA）、防灾、环境与设备监控系统和自动售检票（AFC）等系统各种信息传输的要求，需要建立以光纤通信为主的传输系统网络。

城市轨道交通线路中的各个站点，分散布置于城市中各个区域，每个站点（包括车站、停车场、控制中心等）均不是一个独立的信息及业务孤岛，各站点与控制中心之间，以及各个站点之间需要通信系统为其搭建一个统一的信息沟通平台，实现相互之间信息的交互需求。同时，需要设置传输网络管理中心，其设备位于控制中心。不同线路之间的信息交换，也必须借助传输系统来实现信息的传递和交换。

2. 传输系统的拓扑结构

网络拓扑结构是指网络中各个节点相互连接的形式。网络的拓扑结构包括物理拓扑和逻辑拓扑。物理拓扑是指传输网络节点以及连接各节点的传输媒介的实际分布及连接方式；逻辑拓扑则描述得是信息流在网络中的流通途径。

城轨传输系统网络物理拓扑结构多采用双环结构环形网络，如图 4-25 所示。双环包括主用光纤环与备用光纤环，网络中若发生节点故障或光纤中断时，传输节点会自动绕开故障点，在主备两个环路中重新组织路由，从而使环中的通信不受或少受影响。

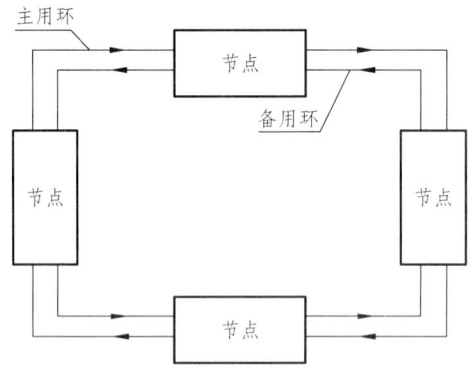

图 4-25 双环结构环形网络

在环形物理拓扑结构中，根据信息在物理网络中的流通途径，可划分为星形、总线形、环形三种逻辑拓扑结构，如图 4-26 所示，实现以控制中心为核心的与沿线各车站、车辆段、停车场之间的通信。

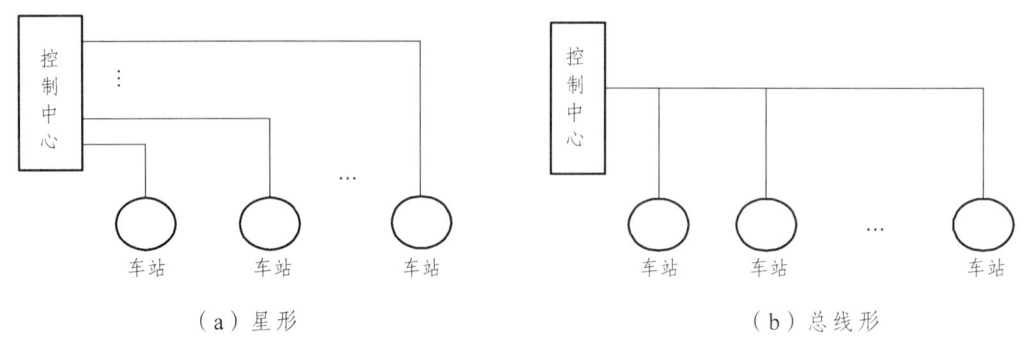

（a）星形　　　　　　　　　　　　　　（b）总线形

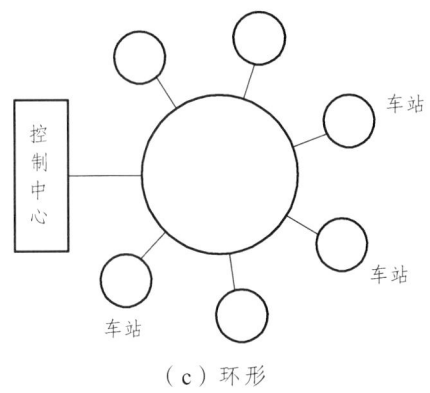

(c) 环形

图 4-26 传输网络的三种逻辑拓扑结构

4.2.4.2 有线电话系统

1. 有线电话系统的组成

有线电话系统主要为城轨交通管理、运营及维修人员提供语音通信。有线电话系统由公务电话系统、调度电话系统和站内、站间及轨旁电话系统组成。

2. 公务电话系统

公务电话系统以数字程控交换机为核心，电话分机与程控交换机相连，分布在城轨交通各办公管理部门、运营控制中心（OCC）、车站、设备室、停车场及其他需要电话的地区。

（1）公务电话系统的构成。

城轨交通公务电话网相当于企业的内部电话网，采用程控数字交换机组网，并通过中继线路接入当地市话网，实现与本市、国内、国际长途通信，并可根据需要与城轨无线集群系统互联。一般情况下，交换机分别安装在控制中心和停车场，两台交换机之间利用局间中继互联，而用户话机则分布在控制中心、停车场和各车站。控制中心和停车场的交换机为了将其用户话机延伸到各个车站，通常利用传输系统的部分资源组成承载网络，连接远端的车站小交换机或远端模块。这种组网方式称为中继组网。如图 4-27 所示。

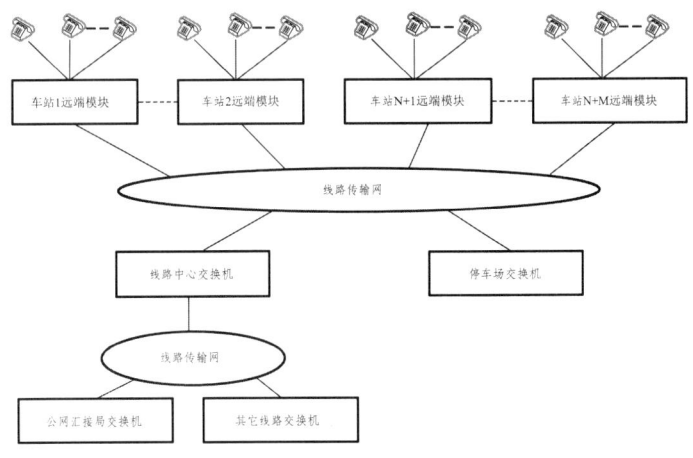

图 4-27 城轨公务电话网网络结构

在中继组网方式中，控制中心的交换机通过传输系统的 E1 传输电路，以点对点的方式连接各车站小交换机（或控制中心交换机远端模块），并由远端设备提供模拟用户接口和数字用户接口（模拟信号是时间和幅度都为连续值的信号，数字信号则是在时间和幅度上都离散的信号），以接续各车站模拟及数字话机。在用户接入网方式中，各车站配置 PCM 用户接口架，并由该接口架的模拟用户接口和数字用户接口，接续各车站的模拟用户话机和数字用户话机。

公务电话系统除了为各部门提供电话服务，还提供传真、电路数据等业务。

（2）公务电话系统的功能。

① 公务系统功能包括：

电话交换功能、计费功能、非话业务功能、复原控制功能、号码的存储和译码功能、电路的选择和释放功能、维护管理功能、过压和过流保护与抗干扰功能。

② 用户业务功能包括：

提供缩位拨号、热线服务、出局呼叫限制、免打扰、转移呼叫、三方通话、60方会议、叫醒服务、缺席用户服务、遇忙回叫、恶意呼叫追查、呼叫等待、强插/强拆等功能。

3. 调度电话系统

调度电话系统为控制中心调度指挥人员（如行调、电调、维调、环调等）提供了专用的单键直通电话，并具有单呼、组呼、全呼、会议、紧急呼叫、强拆、强插等特有功能。

（1）调度电话系统的构成。

调度电话系统主要由调度交换机、调度台、调度分机三部分组成，并通过传输系统或相应的通信缆线连接而成，其系统如图 4-28 所示。

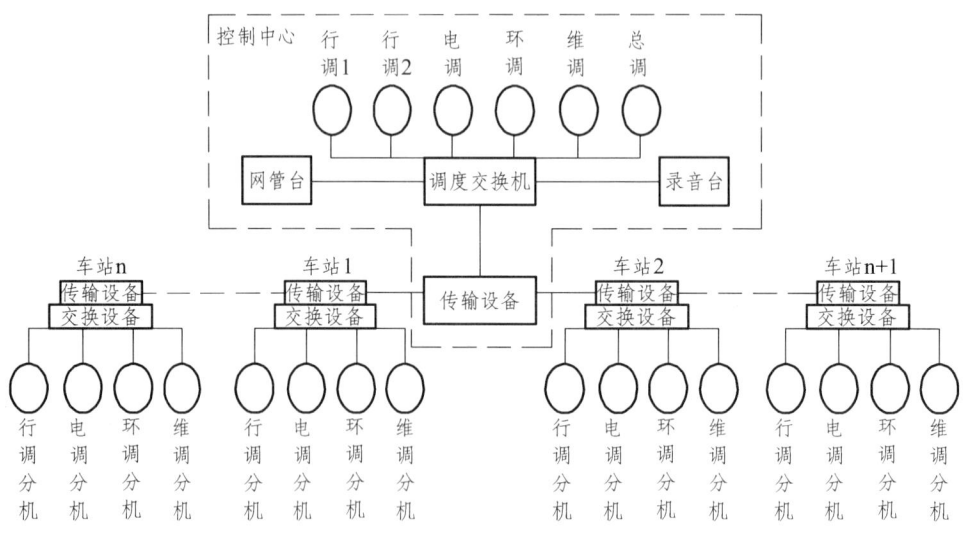

图 4-28 调度电话系统构成图

① 调度交换机。

调度交换机是调度电话系统的核心部分（见图 4-29），由具有交换功能的交换机或交换模块组成，调度交换机可以采用在公务电话系统交换机内嵌入硬件模块的方式，或设置独立数字交换机的方式实现。它可以组成 7 个以上独立的调度系统（如行调、电调、环调、维调等），其用户线配置不少于 200 个的端口；用户板与传输系统一般采用数字接口对接的方式；配置维护终端一套（含打印机），完成各类维护管理任务；还配置数字录音设备，进行调度业务的实时录音及话音文件的存档。

图 4-29　调度交换机

② 调度台。

调度台设在控制中心（OCC）。它是调度业务的操作控制台，一般为按键式话机，也有液晶触摸屏菜单式操作方式，同时配置 2 个手柄式话筒。如图 4-30 所示。

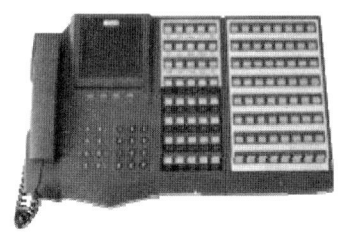 

图 4-30　调度台

③ 调度分机。

调度分机为普通电话机，如图 4-31 所示。总机与分机通过传输系统提供的点对点专用音频话路连接。调度台呼叫分机，按热线功能键，无需拨号，摘机即通。分机对调度台的呼叫可分为一般呼叫和紧急呼叫。紧急呼叫时，调度台上发出相应信号，以表示发生了紧急呼叫。

图 4-31　调度分机

④ 调度电话的功能。

a. 通话功能。

控制中心调度员与各站段相应系统的分机用户、控制中心调度员之间可直接呼叫通话，但各分机用户之间不允许通话。

b. 选叫功能。

调度台呼叫分机时，可单呼、组呼、全呼；分机呼叫调度台时，可区分一般呼叫和紧急呼叫

c. 会议功能。

调度台可以召集电话会议，会议参加方由调度台设置；系统一般支持60方电话会议；调度员可指定会议成员发言，会议成员也可向调度员提出发言请求。

d. 录音功能。

调度员与其他调度分机之间的通话，能以数字方式自动记录在多信道录音设备上，通话文件保存在计算机硬盘上，录音记录可转录长期保存。

4. 站内、站间和轨旁电话系统

站内电话系统由用户小交换机（或公务电话交换机远端模块）、站内值班台和站内电话分机组成。站内电话系统的分机除了提供公务电话外，主要提供站内各分机与站内值班台之间的直达通信或分机间的拨号通信服务。

站间电话可为车站与相邻车站的车站值班员提供直达通信服务，即行车电话双方的任何一方摘机即可与对方通话。

轨旁电话（即区间电话、隧道电话）是安装在隧道内或地面、高架线路旁的话机，如图 4-32 所示。通过站内电话子系统连接相邻站的站内值班台或接入公务电话网，为隧道内、地面、高架线路旁的维护人员和紧急情况下的列车司机提供通信服务。

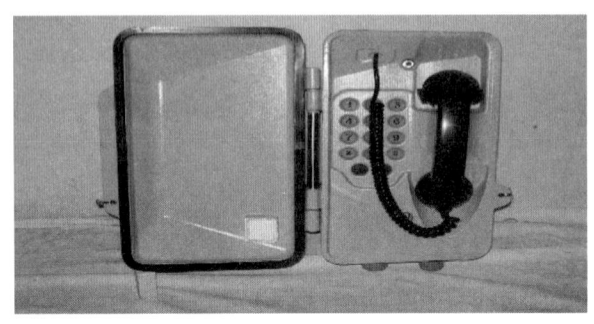

图 4-32　轨旁电话

4.2.4.3　无线集群调度系统

城轨交通的无线集群调度系统为控制中心调度员、停车场调度员、车站值班人员等固定用户与列车司机、抢险、维护、防灾、公安等处于移动状态的工作人员之间提供语音及数据通信的手段。无线集群调度系统在保证行车安全和处理紧急突发事故方面有着不可替代的作用，因为系统必须满足运行安全、应急抢险的需要，并具有与固定电话及公网系统互联互通的能力。城轨无线集群调度系统的无线场强覆盖范围包括：城轨运行线路全线各车站的站台、站厅、区间隧道和高架线路，以及整个停车场地面区域、车库及信号楼等建筑物内部。

1. 无线集群调度系统功能

（1）通话呼叫功能。

① 行车调度员、环控（防灾）调度员、设备维修调度员配置调度台，具有选呼、组呼、全呼、以及转接和监听系统内部通话的功能。

② 列车司机室设车载台，具有选呼功能。

③ 车站值班员配置固定台，具有选呼、组呼功能。

④ 站台值班员、现场指挥员、维修人员及车场作业人员配置手持台，具有选呼、组呼功能。

⑤ 固定台和移动台对相应的调度台具有紧急呼叫功能，紧急呼叫具有最高优先级。

⑥ 调度台对本系统内无线用户具有强拆、强插功能。

⑦ 无线用户可由控制中心调度员转接与公务电话系统程控交换机相联，拨打外线电话。

（2）数据传输功能。

① 固定台、移动台及调度台之间具有短信息传输功能。

② 车载台通过数据接口，可将列车运行等数据以无线的方式传送至控制中心和车辆段的各调度台上。

③ 广播功能

行车调度员可选择运行中的全部或部分列车，通过车载台，启动列车广播系统，对车内乘客进行广播。

2. 无线调度通信系统的构成

无线调度通信系统多采用中心控制交换机、基站（BTS）、中继器（直放站）、终端设备的结构。在调度控制中心设置中心控制交换机、调度台、操作维护终端、服务器及其他附属设备；沿线各站设置基站或中继器；无线场强覆盖通过漏泄同轴电缆、室内/外天线、隧道天线实现。无线调度通信系统的主要设备组成如图 4-33 所示。

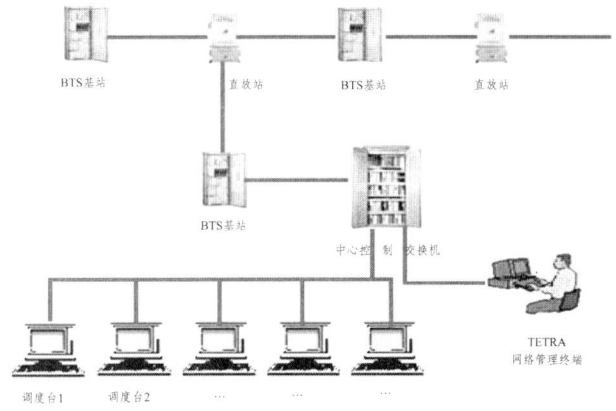

图 4-33 无线调度通信系统主要设备

（1）数字集群系统。

无线调度系统中心控制交换机连接 TETRA（陆地集群无线电）网络管理终端，采用 TETRA 数字集群通信体制，它符合欧洲电信标准协会 ETSI 制定的有关 TETRA（陆地集群无线调度系统）的一系列标准，亦符合我国信息产业部发布的 SJ/T11228-2000《数字集群移动通信系统体制》标准的要求，其频段为 800 MHz。无线调度通信系统采用的核心设备是数字集群设备，TETRA 数字集群作为指挥调度通信系统的优势为：快速反应；调度业务丰富；加密方式灵活；安全抗毁性高；可脱网直通；嘈杂环境下的话音质量好；高速环境下有较好的适应性；系统组网灵活；标准开放并不断升级；多制造商供货。

（2）基站（BS）。

基站负责移动信号的接收和发送处理。一般情况下在某个区域内，多个基站和终端设备相互组成一个链状的网络，通过控制收发台与收发台之间的信号相互传送和接收，达到移动通信信号的传送。

（3）中继器。

在移动通信网中，既充分地利用现有信道，又比较经济、便捷地解决分散的小区或者盲区的覆盖，使用中继器（直放站）是一种合理的手段。

在地铁无线调度通信系统中，中继器的采用除了起到补偿衰减的作用之外，主要是为了提高系统的性价比。同时，基站覆盖区的扩大，可以提高信道利用率、提高系统的可靠性。

（4）终端设备。

① 车载台。

城轨列车前后两端驾驶室各安装一台车载台。该车载台主要由无线收发信机、控制接口及电路、控制面板、话筒及天线组成。其中天线一般安装在车体顶部。收发信机、控制和接口电路安装在一个固定的机壳内，放置于车头司机室内。控制面板和话筒分别安装在司机驾驶台面。司机可以通过操纵控制面板的按键，发出通信请求，并通过话筒和扬声器与人员进行通信。通过系统与 ATS 的连接，控制面板显示屏上会显示当前列车位置与车次。

② 车站固定台。

车站固定台配置在每个车站的车控室。车站值班站长可通过固定台与行调进行联系，经行调转接可与司机通话。

③ 移动台。

移动台主要配备给站务人员、维修人员、公安等不固定地点的工作人员，使他们可与相关调度员通话或进行组内通话。

④ 调度台。

调度台主要配置给调度人员用，他们分别设置在控制中心、轨道公安控制中心、停车场信号楼及车库运转室等区域。

3. 地铁无线集群调度通信系统的特点

无线调度通信系统是地铁整个通信系统的重要组成部分。地铁通信系统主要由电话（公务电话、专用电话）、无线调度、电视监控、有线广播以及传输、时钟、电源等子系统构成。通信系统的主要任务是为列车运行提供信息服务，为旅客提供信息服务，并通过控制中心对车站、机车进行高层次控制。

无线调度通信系统主要提供无线调度通信服务功能。无线调度通信系统在为服务对象特别是为移动服务对象提供信息传输、提高地铁运营效率、确保行车安全和应对突发事件等方面起着重要的、不可替代的作用。

4.2.4.4 广播系统

城轨交通的广播系统是城轨行车组织、管理不可缺少的手段。广播系统为控制中心调度员、车站值班员、站台工作人员、车辆段/停车场值班员提供面对相应区域的广播，同时也为控制中心提供广播功能。通常，可向乘客通告列车运行、安全、导向等服务信息，在紧急情况下，城轨防灾调度人员可以直接利用广播对其工作人员与乘客进行应急指挥、调度和疏导。在有商业区的车站设置商业区广播，该广播由商业区管理部门控制，播放通告、广告和背景音乐等。

1. 广播系统的组成及各部分功能

广播系统是由正线广播系统和停车场/车辆段广播系统组成。正线广播和场段广播系统相互独立，但功能原理类似。正线广播系统是由控制中心广播设备、车站广播设备组成的。

正线广播系统又称运营线广播系统。该系统主要用于对工作人员发布作业命令和通知、通告；对乘客广播列车信息以及导乘、安全等服务信息，并兼做运营维护广播。

正线广播系统由控制中心广播子系统和车站广播子系统组成。采用以控制中心广播为主、车站广播为从的主从两级控制方式。控制中心广播的优先级高于车站广播，车站广播在控制中心不广播时，具有独立广播的功能。平时以车站广播为主，控制中心可以插入，但在事故抢险、组织指挥、疏导乘客安全撤离时，则以控制中心广播为主。

2. 广播系统的组成及各部分功能

（1）控制中心广播子系统功能。

① 能实现全线任意车站和任意广播区的组合，并向已设定的固定组合广播区域进行广播。

② 能向全线任意一个车站的任一区域、多个区域、全部区域进行广播。

③ 可选择不同音源对车站广播。

④ 可通过人工对车站广播编组设定，对语音合成信息键位与内容的设定。

⑤ 可显示控制中心占用，全线各车站及广播区的工作、空闲及故障状态。

⑥ 控制中心调度员可选择监听全线车站的任一广播区的广播内容，监听音量可调。

⑦ 正常时，控制中心广播控制功能由中心主控的控制台实现，当主控系统控制台故障时，可以通过后备控制台实现广播控制功能。

（2）车站广播子系统功能。

① 能向站内的任一区域、多个区域、全部区域进行广播。

② 可选择不同音源对车站进行广播，合成语音至少可存 0~99 个共 100 段的不同内容。

③ 对站内广播区的编组设定、合成语音信息、广播优先级别的设定等。

④ 可选择对车站内任意区域的广播内容进行监听。

⑤ 可接受 ATS 信号的触发，自动对相应站台进行列车到达、发车时间的广播。在需要时，可用人工方式对车站站台自动广播模式进行开启或关闭。

车辆段/停车场广播系统为一套独立区域广播系统，供车辆段/停车场信号楼值班员、运转值班员和检修库值班员对车库、车辆段检修主厂房、段内道岔群附近等播音区进行定向语音广播，用以向工作人员播放车辆调度、列车编组等有关的作业信息。

车辆段/停车场广播优先级排序为：信号楼值班员、运转值班员以及检修库值班员。各值班员的广播控制设备具备对相应播音区进行监听的功能。

4.2.4.5 闭路电视系统

闭路电视系统（Close Circuit Television System，简称为 CCTV 系统）是轨道交通运营管理现代化的配套设备，是调度员和车站值班员监视列车运行、掌握客流大小和流向、提高行车指挥透明度的辅助通信工具，是列车司机在车站停车后监视旅客上下车、掌握开关车门时间的重要手段。在正常情况下用来加强运行组织管理，提高效率，保证安全正点地运送旅客。当车站发生灾情时，电视监视系统可作为防灾调度员指挥抢险的指挥工具，同时也是事故调查重要的取证途径。

1. 闭路电视系统的构成

闭路电视监控系统采用模块化分布式结构，按照使用的范围和控制级别的不同，系统主要由车站级设备（车站本地监视系统）和控制中心级设备（控制中心远程监视系统）组成。

（1）车站级设备。

安装在车站的本地监视系统能满足车站工作人员的使用要求，保证车站工作人员可以通过图像实时监视本车站。

车站级设备包括摄像、传输、控制及显示四部分。摄像部分包括各种类摄像机；显示部分包括各种类型的监视器终端；传输部分包括了视频编解码设备、发送和接收设备以及光纤。控制部分及显示部分则是各种终端操控设备及系统主机。

每个站台设置有固定摄像机用于监视列车及停靠站情况，车站站台和站厅层设置一体化球形摄像机；楼梯出入口、自动扶手梯等处设置有固定摄像机。摄像机图像接入视频切换矩阵，矩阵输出视频回路供车站监视器和视频传输设备进行选择监视和压缩编码。列车司机停车位置设站台监视器。

车站值班员可选择本站任一摄像机的画面进行监视，可实现自动循环切换、手动切换和对摄像机的云台、焦距的控制。

司机可通过站台监视器观察乘客上、下车的情况，便于安全、准时发车。

（2）控制中心级设备。

安装在控制中心的远程系统监控设备能满足控制中心级功能要求，保证控制中心的调度人员能够实时监控所管辖车站的图像。控制中心级设备主要由视频解码设备、数字硬盘录像机、中心网络管理终端、中心控制盘、监视器电视墙（见图 4-34）等组成。

中心调度员值班员可选择线路中任一摄像机的画面进行监视，可实现自动循环切换、手动切换和对摄像机的云台、焦距的控制。可根据需要进行录像。

2. 闭路电视系统的功能

闭路电视监控系统满足车站级和控制中心级的两级监控需求，监视范围包括车站内所有公共区域，站台要求能监视到每一个车门乘客的出入情况。车站级和控制中心级的视频监视系统相互独立，控制中心级能够随意观看所有车站的图像。

图 4-34 控制中心监视器电视墙

(1) 车站级功能。

车站级设备可以满足车站工作人员和列车司机的使用要求,包括以下功能:

① 图像显示功能。

车站工作人员对本车站所有图像进行选择显示。

② 录像及回放功能。

车站数字硬盘录像机,自动录制车站所有图像并保留一段时间,车站工作人员可查询调取某一摄像机的某一时刻图像,回放查看。

③ 图像汉字叠加功能。

车站级设备可在各幅图像叠加一些必要信息,如车站名称、摄像及编号、时间日期等。

④ 对可变摄像机的遥控功能。

可对各个监控点的可变角度摄像头进行控制,消除视觉盲点,跟踪事件的发展。

⑤ 可作为与中心网管终端的接口。

⑥ 司机的监视功能。

在列车进出站台时向司机提供当前站台的监视图像,保证乘客上下车安全。

(2) 控制中心级功能。

控制中心级监视设备,能满足控制中心的行车管理人员(行调、环调和维调)的使用要求。

① 监视功能。

控制中心的管理人员可对全线各个车站的各种监视图像进行选择性显示。

② 录像功能。

控制中心设置的数字硬盘录像机网管,通过网络接口远程查看、操作、控制车站录像机,同时可以通过传输通道查询、调取车站资料,并可下载到存储设备中。

③ 中心网管功能。

在控制中心设置中心网络管理终端,完成视频管理和维护功能。

项目小结

通过对传输系统、有线电话系统、无线集群调度系统、广播系统、闭路电视系统等各种通信系统的学习，对各种系统有了一定程度的了解，明白每种系统在城轨系统中的作用。并且通过相关规章制度的学习，使我们对光、电缆的相应标准有了一定程度的了解；学习了相应电话系统协议、标准；并通过学习相应行业标准与协议，使得我们对集群系统有了更加明确的认识；学习了广播系统的各部分的功能与作用，同时通过对相关协议标准的学习，明确了广播系统的各项标准；通过对闭路电视系统的学习，能正确操作使用闭路电视系统设备，能对监视图像进行选择显示，懂得如何监视车站的情况。

复习思考题

1. 城轨传输系统网络物理拓扑一般是什么结构，有什么特点。
2. 简述传输媒质层网络的功能与作用。
3. 简述公务电话系统的构成。
4. 什么是无线集群系统？
5. 无线集群系统有何优缺点及其适用范围。
6. 简述广播系统的组成和功能。
7. 什么是 CCTV 系统？

项目五　城市轨道交通供电设备

项目描述

供电系统是为轨道交通运营提供所需电能的重要系统，也是城轨交通的动力源泉。没有供电系统的可靠安全供电，就不可能有城市轨道交通的正常运行。通过本项目的学习，使学习者对城市轨道交通的供电系统有一个全面的、概括的了解。本项目设有一个典型的工作任务，概述了城市轨道供电系统的功能、组成，城市轨道交通供电制式及外部供电系统对城市轨道交通的三种供电方式。

5.1　城市轨道交通牵引供电系统

5.1.1　教学目标

1．能力目标

能画出城轨交通集中供电系统示意图；能画出城轨交通牵引供电系统示意图。

2．知识目标

理解城市轨道供电系统的功能；理解城市轨道交通供电系统采用直流制式的原因；了解三种外部供电方式的特点。

3．素质目标

培养安全生产责任意识，具备对供电设备进行安全操作的职业素养。

5.1.2　工作任务

通过本任务，理解城市轨道交通供电系统的功能，掌握供电系统的工作原理、供电方式及供电系统的组成。

5.1.3　所需设备

已投入运营的城市轨道交通线路一条，城市轨道交通牵引供电系统示教板一套。

5.1.4　相关配套知识

5.1.4.1　城市轨道交通供电系统的功能和组成

城市轨道交通供电系统是为城轨交通运营提供所需电能的系统，不仅为城轨交通电动列车提供牵引用电，而且还为城轨交通运营服务的其他设施提供电能。它的功能和组成如下所述。

1. 城市轨道交通供电系统的功能

城市轨道交通供电系统应具备安全、可靠、调度方便、技术先进、功能齐全、经济合理的特点，并应具备以下功能。

（1）全方位的服务功能。

城市轨道交通供电系统的服务对象，是包括电动车辆、空调设施、自动扶梯、自动售检票系统、屏蔽门、排水泵、排污泵、通信信号设备、消防设施和各种照明设备等在内的一个庞大的用电群体，供电系统必须满足这些不同用途的用电设备对电源的不同需求。

（2）故障自救功能。

无论供电系统是如何构成的，采用什么样的设备，供电的安全可靠性总是第一位的。在系统中发生任何一种故障，系统本身都应有相应的备用措施，以保证城市轨道交通系统的正常运营。供电系统设计以双电源为基本原则，当一路电源发生故障时，另一路电源应能保证系统的正常供电。

（3）系统的自我保护功能。

系统应有完善、协调的保护措施，供电系统的各级继电保护应相互配合和协调，当系统发生故障时，应当只切除故障部分的设备，从而使故障范围缩小。系统的各级保护应当满足可靠性、灵敏性、速动性、选择性的要求。对牵引供电系统而言，为保证旅客的安全，保护的速动性是第一位的，其保护的原则是"宁可误动作，不可不动作"。

（4）防止误操作的功能。

系统中任何一个环节的操作都应有相应的联锁条件，不允许因误操作而导致故障的发生。尤其是各种隔离开关（无论是电动还是手动）或手车式开关的隔离触头，都不允许带负荷操作。防止误操作是使系统安全、可靠地运行所不可缺少的环节。

（5）方便灵活的调度功能。

系统应能在控制中心进行集中控制、监视和测量，并应能根据运行需要，方便灵活地进行调度，变更运行方式，分配负荷潮流，使系统的运行更加经济合理。

（6）完善的控制、显示和计量功能。

系统应能进行本地和远动控制，并可以方便地进行操作转换，系统各环节的运行状态应有明确的显示，使运行人员一目了然。各种信号显示应明确，事故信号、预告信号分别显示。各种电量的测量和电能的计量应准确，并便于运行人员进行查证和分析。

（7）电磁兼容功能。

供电系统及其设备在地铁这个电磁环境中，首先是作为电磁骚扰源存在的，同时也是敏感设备。在城市轨道的电磁环境中，供电系统与其他设备、装置或系统应是电磁兼容的。在技术上应采取措施，抑制骚扰源、消除或减弱电磁耦合、提高敏感设备的抗干扰能力，以达到各系统的电磁兼容，使城市轨道交通车辆能安全可靠地运行。

2. 城市轨道交通供电系统的组成

城市轨道交通作为城市电网的一个重要用户，其组成如图5-1所示。归纳起来主要有外部供电系统、牵引供电系统和动力照明供电系统三大组成部分。

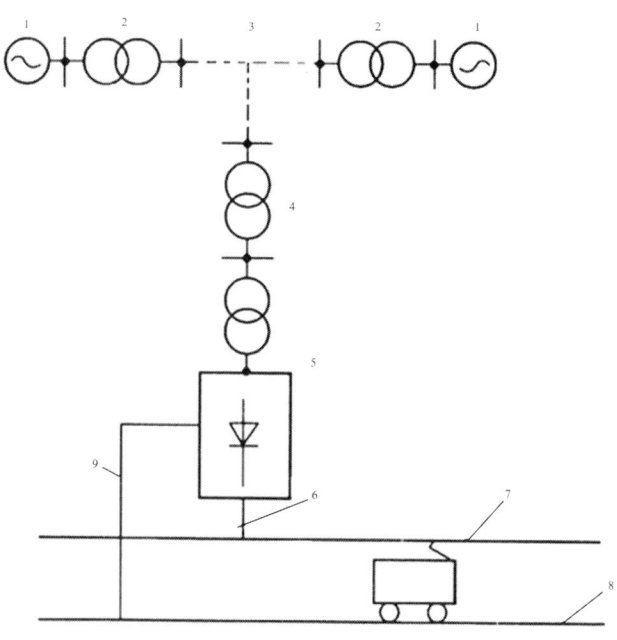

图 5-1　城市轨道交通供电系统

1—发电厂（站）；2—升压变压器；3—电力网；4—主降压变电站；5—直流牵引变电所；
6—馈电线；7—接触网；8—走行轨；9—回流线

（1）外部供电系统。

发电厂（站）是发出电能的中心。为减少线路的电压损失和能量损耗，发电厂发出的电能，要先经过升压变压器升高电压，然后以 110 kV 或 220 kV 的高压，通过三相传输线输送到区域变电站。

在区域变电站中，电能先经过降压变压器把 110 kV 或 220 kV 的高压降低电压等级（如 10 kV 或 35 kV），再经过三相输电线输送给本区域内的各用电中心。城市轨道交通牵引用电既可以从区域变电所高压线路得电，也可以从下一级电压的城市地方电网得电，这取决于系统和城市地方电网的具体情况以及牵引用电容量的大小。

对于直接从系统高压电网获得电力的城市轨道交通系统，往往需要再设置一级主降压变电站，将系统输电的高电压如 110 kV 或 220 kV 降低到 10 kV 或 35 kV 的低电压以适应直流牵引变电所的需要。从管理的角度，主降压变电站可以由电力系统（电业部门）直接管理，也可以归属于城市轨道交通部门管理。

如图 5-2 所示，虚线 2 以上的部分，即从发电厂（站）经升压、高压输电网、区域变电站（所）至主降压变电站（所）部分，通常被称为城市轨道交通供电系统的"外部（或一次）供电系统"。

（2）牵引供电系统。

如图 5-2 所示，从主降压变电站及其以后部分统称为"牵引供电系统"，它应该包括：直流牵引变电所、馈电线、接触网、走行轨及回流线等。在城市轨道交通牵引供电系统中，电能从牵引变电所经馈电线、接触网输送给电动列车，再从电动列车经钢轨（称轨道回路）、回流线流回牵引变电所。由馈电线、接触网、轨道回路及回流线组成的供电网络称为牵引网。因此,城市轨道交通牵引供电系统即由直流牵引变电所和牵引网组成,如图5-3所示。

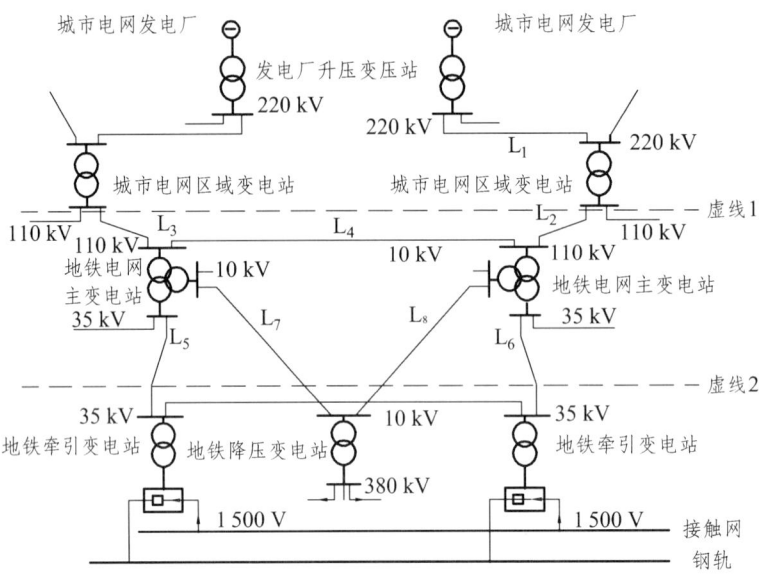

图 5-2 城市电网外部供电系统和城市轨道牵引供电系统

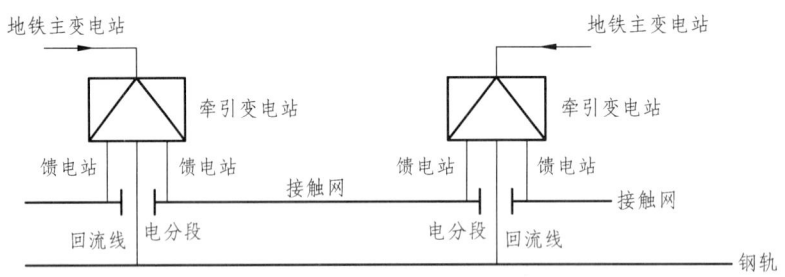

图 5-3 城市轨道交通牵引供电系统

① 直流牵引变电所。

供给城市轨道交通一定区域内牵引电能的变电所,是牵引供电系统的核心。一般由进出线单元、变压变流单元及馈出单元构成。其主要功能是将中压环网的 AC 35 kV 或 AC 10 kV 三相高压交流电源经变压变流单元后转换为城轨交通列车所需的电能,并分配到上下行区间供列车牵引用。

② 接触网。

接触网是沿列车走行轨道架设的一种特殊供电线路,可经电动列车的受电器向电动列车供给电能。按其结构可分为架空式和接触轨式;按其悬挂方式又可分为柔性(弹性)接触网和刚性接触网。习惯上,由于接触轨是沿线路敷设的与轨道平行的附加轨,故又称第三轨;而采用架空方式时,才称为"接触网"。

③ 馈电线。

从牵引变电所向接触网输送牵引电能的导线称为馈电线。

④ 回流线。

用以供牵引电流返回牵引变电所的导线称为回流线。

⑤ 电分段。

为便于检修和缩小事故范围，将接触网分成若干段，称为电分段。

⑥ 轨道。

轨道构成了牵引供电回路的一部分。列车行走时，利用走行轨道作为牵引电流回流的电路。在采用跨座式单轨电动车组时，需沿线路专门敷设单独的回流线。

（3）动力照明电系统。

城市轨道交通的动力照明供电系统如图 5-4 所示。各部分功能的简述如下。

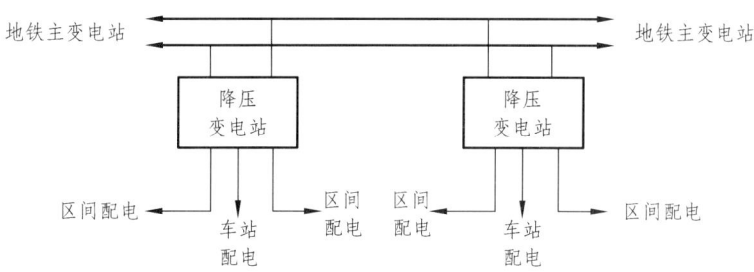

图 5-4 城市轨道交通动力照明供电系统

① 降压变电站。

降压变电站将三相电源进线电压降压变为三相 380 V 交流电，其主要用电设备是风机、水泵、照明、通信、信号、防火报警设备等。

② 配电所（室）。

配电所（室）仅起到电能分配的作用。降压变电站通过配电所（室）将三相 380 V 和单相 220 V 交流电分别供给动力、照明设备，各配电所（室）对本车站及其两侧区间动力和照明等设备配电。

③ 配电线路。

配电所（室）与用电设备之间的导线为配电线路。

在动力照明供电系统中，降压变电站一般为每个车站设置一个，有时也可几个车站合设一个；也可将降压（动力）变压器附设在某个牵引变电所之中，构成牵引与动力混合变电站。

地铁车站及区间照明电源采用 380 V/220 V 系统三相五线制系统配电。正常时，工作照明、事故照明均由交流电源供电，当交流电源失去时，事故照明自动切换为蓄电池供电，确保事故期间必要的紧急照明。

车站设备负荷可分为以下 3 大类。

一类负荷：包括事故风机、消防泵、主排水站、售检票机、防灾报警、通信信号、事故照明。

二类负荷：包括自动扶梯、普通风机、排污泵、工作照明。

三类负荷：包括空调、冷冻机、广告照明、维修电源。

对于一、二类负荷，一般有两路电源供电，当一台变压器故障解列时，另一台变压器可承担全部一、二类负荷。三类负荷由一路电源供电，当一台变压器故障解列时，可根据运营需要自动切除。

5.1.4.2 城市轨道交通供电制式的发展

电力牵引用于轨道交通系统已有 100 多年的历史，随着经济和科学技术的不断发展，用于轨道交通的电力牵引方式有许多不同的制式出现。这里所说的制式是指供电系统向电动车辆或电力机车供电所采用的电流和电压制式，如直流制或交流制、电压等级、交流制中的频率（工频或低频）以及交流制中是单相或三相等。

1. 供电制式的发展

（1）直流制式。

城市轨道交通由于直流牵引接触网结构简单，建设投资少，电压质量高，这些技术经济特征决定了城市轨道交通动力车辆必须具备良好的起动加速性能，良好的动力容量利用性能和良好的调速性能。

直流串励电动机的机械特性（转矩与转速的关系特性）可以形象地比喻为牛马特性，即牛可以拉得多一些，但跑得慢；马跑得快，但力气小，拉得少一些。这正符合城市轨道交通动力车辆重载时速度低、轻载时速度高的要求。此外，直流串励电动机良好的起动性能和调速方法也是比较容易实现的。当然，为了克服直流串励电动机刚接通电源时起动电流太大以及正常运行时为了减速而降低其端电压的缺点，最早采用的方法是在电动机回路中串联大功率电阻，以达到限流和降压的目的。这种方法是容易实现的，但在起动和调速过程中却带来了大量的能量损耗，很不经济。尽管如此，由于早期技术发展水平的局限，直流串励电动机成为最早的牵引动力，也是迄今为止仍被应用的形式，它通过牵引供电系统直接为电动车辆或电力机车受电装置供电，这就是"直流制式"。

（2）低频单相交流制。

随着矿山和干线电力牵引的发展，列车需要的功率越来越大，如果采用直流供电制式，则因受直流串励电动机端电压不能太高的限制，导致供电电流很大，供电系统的电压损失和能量损耗必然会增大。于是为了改变这种状况，出现了"低频单相交流制"。

"低频单相交流制"是交流供电方式，交流电可以通过变压器升降压。因此，可以升高供电系统的电压，供给列车以后再经车上的变压器将电压降低到适合于牵引电动机应用的电压等级。由于使用低频电源将使供电系统复杂化，需要由专用低频电厂供电，或受到由变频电站将国家统一工频电源转变成低频电源再输出等诸多因素的限制，因此没有得到广泛应用，只在少数国家的工矿和干线上应用。

（3）工频单相交流制。

工频单相交流制式既采用了交流制可以升高供电电压的长处，又保留了直流串励电动机作为牵引电动机。电力机车上装有降压变压器和大功率整流设备，可将高压电源降压，再整流成适合直流牵引电动机应用的低压直流电。电动机的调压调速可以通过改变降压变压器的抽头或可控整流装置实现。工频单相交流制是当今世界各国干线电气化铁路应用较普遍的牵引供电制式。我国干线电气化铁路因为供电距离远、需装车载整流装置，一般多采用交流制式，其供电电压为 25 kV。

（4）三相交流制。

三相交流制式的供电网比较复杂，必须有两根架空接触线和走行轨道构成三相交流电路，两根架空接触线之间又要高压绝缘，困难和投资更大，目前已被淘汰。

2. 城市轨道交通供电采用直流制式的原因

城市轨道交通几乎毫无例外的都采用直流供电制式。世界各国城市轨道交通的供电电压都在直流 DC 550~DC 1 500 V。现在国际电工委员会拟定的电压标准为：DC 600 V、DC 750 V 和 DC 1 500 V 三种。我国国家标准也规定为 DC 750 V 和 DC 1 500 V。采用直流制式的原因有以下几点：

（1）城市轨道交通电动车辆的功率并不是很大，供电半径也不大，因此供电电压不需要太高。

（2）在同样电压等级下，直流制式因为没有电抗压降，因此比交流制式的电压损失小。

（3）城市轨道交通供电系统的供电线路处在城市建筑群之间，供电电压不宜太高，以确保安全。

（4）由于大功率半导体整流元件（晶闸管）的出现，在直流制电动车辆上，采用整流器可对直流串励牵引电动机进行调压调速，减少能耗，给直流制增添了新的生命力。

（5）快速晶闸管出现后，由快速晶闸管等组成的逆变器，可将直流电逆变成频率可以调节的交流电，实现了多年来想采用结构简单、结实的"鼠笼式"异步电动机作为牵引电动机的愿望。这种通过改变频率以改变异步电动机速度的方法（简称变频调速），使异步牵引电动机性能满足了列车牵引特性的要求。虽然电动车辆上采用的是交流异步牵引电动机，但其供电电压还是直流的，所以还属于直流制式的范畴，这给直流制在轨道交通车辆中的应用提供了一个更广阔的发展空间。

我国自 1969 年在北京建成第一条地下铁道起，相继已有天津、上海、广州、深圳等城市的轨道交通线路投入商业运营。其中北京和天津地铁采用 DC 750 V 第三轨供电，上海、广州、南京、深圳和大连采用 DC 1 500 V 接触网馈电。许多正在筹建或将要运营轨道交通的城市地铁大多采用 DC 1 500 V 供电。苏州、杭州、武汉和青岛采用 DC 750 V 第三轨供电。

5.1.4.3 外部供电系统对城市轨道交通的三种供电方式

1. 城市轨道交通供电系统对电源的基本要求

(1) 两路电源应来自不同的变电所或同一变电所的不同母线。

(2) 每个进线电源的容量应满足变电所全部一、二级负荷的要求。

(3) 两路电源应分列运行，互为备用，当一路电源发生故障时，由另一路电源恢复供电。

(4) 为便于运营管理和减少损耗，集中式供电的主变电所的站点和分散式供电的电源点，要尽量靠近城市轨道交通线路，减少引入城市轨道交通的电缆通道的长度。

(5) 设有两座以上主变电所的应急电源系统中，在保证城市轨道交通电动车组安全快捷地运送旅客的基本功能的前提下，要求将下列负荷纳入应急电源系统：

① 保证一定运输能力的牵引负荷。一定运输能力的负荷应是指高峰小时以下的运输能力时的负荷。

② 保证地铁正常运行必需的动力照明负荷。通信、信号、自动售检票机、屏蔽门、工作照明、变电所自用电、自动扶梯。

根据国家标准《标准电压》（GB156—2007）的规定，我国电网标准电压等级如表 5-1 所示。

表 5-1 城市轨道交通电压等级

等级	高压送电网				高压配电网		中压配电网					低压配电网	
	1	2	3	4	5	6	7	8	9	10	11	12	13
电压标准	750 kV	500 kV	330 kV	220 kV	110 kV	66 kV	35 kV	20 kV	10 kV	6 kV	3 kV	380 V/660V	220 V/380V

城市轨道交通电源由城市电网引入，根据不同城市的电网构成，采用合适的供电方式。城市轨道交通系统作为城市电网的特殊用户，一般用电范围多在几千米和几十千米之间，采用何种供电方式，与城市电网的构成及城市轨道交通线路的分布有密切的关系。供电系统的构成，在可行性研究阶段即需要与当地供电部门共同协商，得到确认，并请当地供电部门作供电电源的可行性研究报告，为城市轨道交通供电系统初步设计提供充分的依据和可靠的基础，为后续工作的顺利开展创造条件。究竟采用哪种供电方式，主要取决于城市电网的构成、分布及电源的容量。城市轨道交通供电系统对城市电网来说是用户，对城市轨道交通的各类负荷来说却是电源。

2．城市电网对城市轨道交通系统的三种形式的供电方式

（1）集中式供电。

集中式供电是指城市电网向地铁的专用主变电所供电，主变电所再向地铁的牵引变电所和降压变电所供电，地铁自身组成完整的供电网络系统。如图 5-5 所示，沿着城市轨道交通线路，根据用电容量和城市轨道交通线路的长短，建设一座或几座地铁专用的主变电所。主变电所应有两路独立的电源，一般为 110 kV 或 63 kV，由发电厂或区域变电所对其进行供电。主变电所经过变压后，输出 AC 35 kV 或 AC 10 kV 的电压等级，给城市轨道交通的牵引供电系统供电。

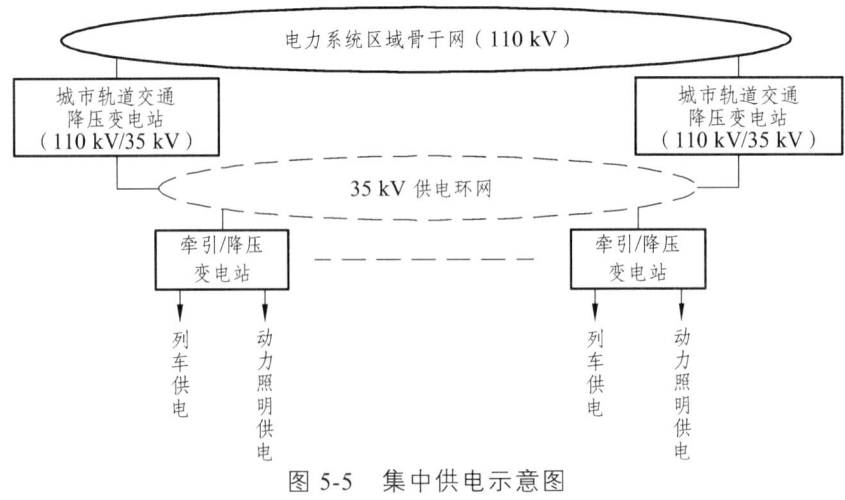

图 5-5 集中供电示意图

上海、香港地铁采用集中供电方式，牵引供电系统电压为 35 kV，供配电系统电压为 10 kV，如图 5-6 所示。目前国内只有少数城市采用这种形式。

广州地铁牵引供电系统和供配电系统电压为 33 kV，如图 5-7 所示。目前国内采用集中式供电的城市多选择此种形式。

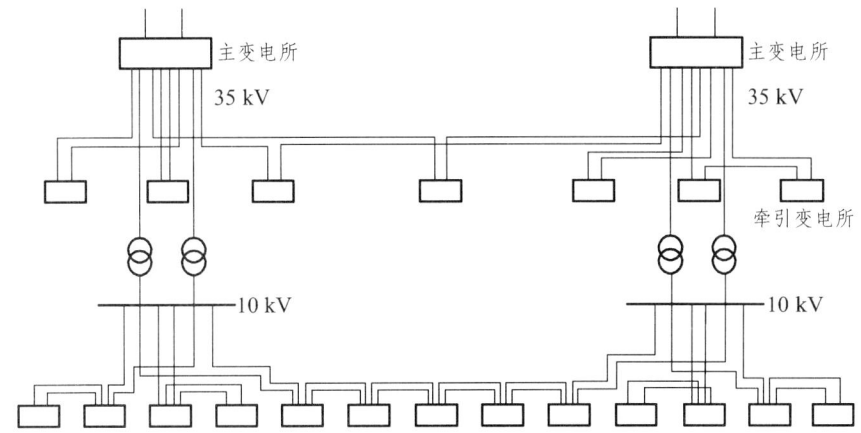

图 5-6　集中式供电系统之一

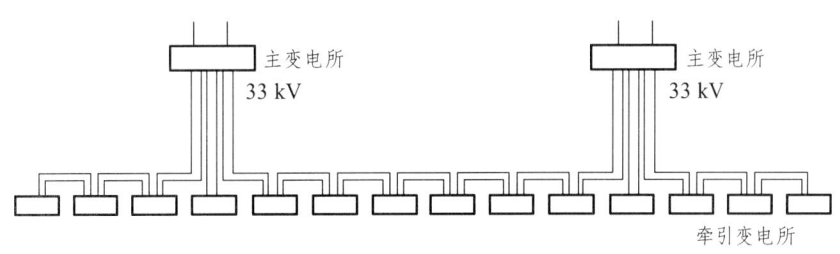

图 5-7　集中式供电系统之二

德黑兰地铁主变电所采用的电源为 63 kV，牵引供电系统和供配电系统电压为 20 kV。

集中供电方式有利于城市轨道交通公司的运营和管理，各牵引变电所和降压变电所由环网电缆供电，具有很高的可靠性。

（2）分散式供电。

分散供电的方式是指沿地铁线路的城市电网分别向各沿线的地铁牵引变电所和降压变电所供电。这种供电方式多采用 10 kV 的电压等级，其前提条件是城市电网在地铁沿线有足够的变电站和备用容量，并能满足地铁牵引供电的可靠性要求。因为我国各大城市的电网在逐渐取消或改造 35 kV 这一电压等级，所以要想在几千米到几十千米的范围内引入多路 35 kV 电源是不可能的。分散式供电需保证每座牵引变电所和降压变电所均获得双路电源。北京、天津地铁皆采用分散式供电方式。分散式供电系统如图 5-8 所示。

当然，如果沿地铁线路城市电网引入的电源点少，也可以沿线建 10 kV 变电所，对电源进行再分配。采用分散式供电方式，都必须保证每座牵引变电所或降压变电所能引入两路电源。

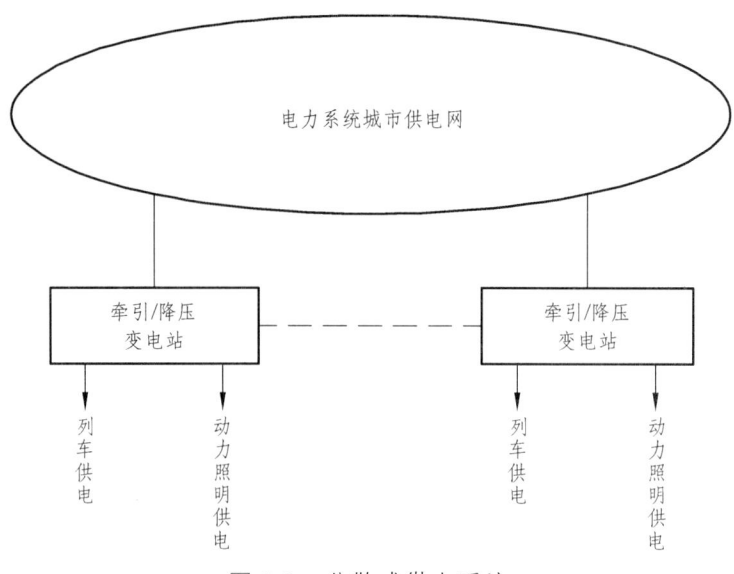

图 5-8　分散式供电系统

（3）混合式供电。

以集中式供电为主，个别地段直接引入城市电网电源作为补充，称之为混合式供电。它是前两种供电方式的结合，使供电系统更加完善和可靠。北京地铁 1 号线和环线工程在建成后的初期便采用的是这种供电方式（以 35 kV 主变电所为主，个别地点引入 10 kV 电源），后因北京城市电网规划取消了 35 kV 电压等级。把原有的主变电所改建为 10 kV 变电所。

总之，为保证城市轨道交通供电系统的可靠性，无论采用哪种供电方式，供电系统建成后的初期都应首先采用混合式电方式。

（4）供电方案的比较。

不同的供电方式各有特点，分别适用于不同的场合。集中式供电与分散式供电比较如表 5-2 所示。

表 5-2　供电方案的比较

	集中式供电	分散式供电
供电质量	外部电源引自城市高压电网（如 110 kV），电压等级高，输电容量大，系统短路容量大，抗干扰能力强，电网电压波动小。城市轨道交通主变电所一般装设有载调压装置，中压侧电压相对稳定，供电质量高	外部电源引自城市 10 kV 电网，一般从距离城市轨道交通线路较近的城网变电所直接引入，输电线路较短，线路损耗较少。但由于 10 kV 电压等级较低，用户较多，所以系统网压波动较大
供电可靠性	由于主变电所进线电压等级较高，电气设备绝缘等级、制造水平、继电保护配置等要求都比较高，线路故障率相对较低。同时城市轨道交通供电系统相对独立，与城网接口较少，城市其他负荷对城轨供电系统干扰较少，因而供电可靠性较高	城市轨道交通电源开闭所或车站变电所从城网直接引入 10 kV 电源，这种接线方式能满足系统可靠性要求。但由于城网 10 kV 系统接入用户较多，且 10 kV 系统处于城网继电保护的中末端，因此城市轨道交通供电系统的运行会受到其他用户的干扰

续表

	集中式供电	分散式供电
中压网络电压	中压网络电压等级不受城网电压等级的限制,可根据用电负荷、供电距离等情况比选确定。目前集中式供电的中压网络电压等级较高,一般为35 kV。这样可以系统的保证供电能力与供电可靠性,降低供电线路功率损耗	中压网络电压等级完全受城网电压等级的制约,必须选择与城网相同的电压等级。目前我国多采用10 kV电压等级
对城网的影响	主变压器容量近期一般为20~31.5 MV·A,远期一般为40~63 MV·A。牵引负荷产生的电压波动和闪变在城市轨道交通供电系统内部经过两级变压器的转换,逐渐变得平衡,对城网其他用户的影响相对要少得多	牵引变电所直接接入城市10 kV电网,牵引负荷产生网压波动经过一级变压器转换后就会波及与城市轨道交通接入同一供电系统的其他用户,如果该变压器容量较小,产生的影响就会更明显
资源共享	采用集中式供电有利于主变电所电力资源共享的实施。一方面两条线以上数量的城市轨道交通线路可以共享一个主变电所;另一方面城市轨道交通主变电所可以与城网主变电所合建,向城市轨道交通系统及地区用户同时提供电源	对于中压网络资源丰富的城市,城市轨道交通采用分散式供电,可以充分利用既有外部城网中压资源,节省城轨交通主变电所的建设费用
工程实施	采用集中式供电时,城市轨道交通主变电所与城网接口较少,外部电源引入路径相对较少,建设单位与城市规划的协调工作也相对较少,易于实施	采用分散式供电时,由于城市轨道交通供电系统与城网接口较多,难免有部分电源电缆的敷设难以解决,尤其在中心城区,地下各种管线及构筑物交错庞杂,电缆路径的相关问题更是难以解决

项目小结

本项目安排了一个典型工作任务——绘制城市轨道交通集中式供电和牵引供电系统示意图。概述了城市轨道交通供电系统的功能和组成,城市轨道交通供电制式及外部供电系统对城市轨道交通的三种供电方式。

通过本项目的学习,要求学习者能够画出城轨交通系统集中式供电和牵引供电系统示意图;理解城市轨道交通供电系统的功能;理解城市轨道交通供电系统采用直流制式的原因;了解城市轨道交通三种外部供电方式的特点。

复习思考题

1. 城市轨道交通供电系统由哪些部分组成?各组成部分的作用是什么?
2. 城市轨道交通供电系统采用何种供电制式?
3. 城市轨道交通供电系统对电源有哪些要求?
4. 城市轨道交通供电系统的电源电压等级有哪几种?
5. 画出城市轨道交通系统集中式供电和牵引供电系统示意图。